쌀 밥 한상

바쁜 현대인들에게 건네는
따뜻한 한 끼의 위로

쌀밥 한상

차윤환 지음

프롤로그

1986년, 세계 각국은 무역 갈등을 해소하고 자유무역을 확대하기 위해 '우루과이 라운드'라 불리는 다자간 무역협상을 시작하였다. 이전까지는 공산품 중심의 무역 자유화 논의가 이루어졌는데, 우루과이 라운드에서는 농산물, 서비스, 지식재산권 등으로 협상 범위가 확대된 것이 특징이었다. 이 협상대로라면 저렴한 외국산 농산물이 물밀듯 들어오게 되고, 결과적으로 우리 먹거리와 관련된 산업이 큰 타격을 입을 것은 불보듯 뻔한 일이었다. 특히, 쌀과 관련해서는 대통령이 무슨 수를 쓰더라도 막겠다고 할 정도로 내부 반발이 컸다. 하지만 결국 부분적으로 쌀 개방을 하게 되었고, 이후 조금씩 수입량을 늘리다가 2015년 완전 개방에

이르게 되었다. 당시 중학생이었던 필자는 이 협상을 통해 국내 농업 기반의 부실함을 알게 되었고, 국내 농산물을 가공하여 해외로 수출하는 세상을 만들겠다는 큰 꿈을 품고 식품공학과로 대학 진학을 하게 되었으니, 우루과이 라운드는 필자의 인생에 엄청난 영향을 미친 협상이라 할 수 있겠다. 그리고 40년이 지난 지금, 필자가 꿈꾸었던 세상은 K-푸드의 열풍 속에서 현실화 되었다.

2000년 이후 한국의 쌀 소비량이 지속적으로 감소하면서 매년 20만 톤의 쌀이 남아돌게 되었다. 쌀 소비량이 생산량을 못 쫓아가 발생한 결과이다. 이에 정부에서는 남는 쌀을 매입하거나 쌀 소비 촉진운동을 벌이는 등 과잉문제를 해결하기 위해 매년 노력해왔다. 그에 일환으로 '러브 미(LOVE 米)' 운동이 있었다. 쌀밥을 먹자는 국민적 홍보 운동으로 "먹었나요 밥, 오늘 아침밥, 아침 먹고 왔나요?"로 시작하는 캠페인 송도 제작되었던 것이 기억난다.

필자는 작년 농업 TV에서 제작한 〈해브 어 라이스 데이〉 프로그램에 출연하게 되었다. 쌀밥의 중요성을 홍보하는 4부작 프로그램으로 중학생, 운동선수, 회사원 등 일반 시민들에게 밥을 직접 만들어 제공하고, 특강과 콘서트를 보여 주는 등 출연

진과 제작진 모두 정말 열심히 땀 흘리면서 만들었던 프로그램이었다.

프로그램 촬영을 마치고 나서 개인적으로 쌀과 밥에 대한 생각을 다시금 하게 되었다. '쌀 이외에도 먹을 것이 넘쳐 나는 세상에서 우리는 과연 쌀과 밥에 대해 어느 정도 알고 있을까?' 이제 더 이상 매스컴과 책 등에서 쌀과 밥은 메인 소재가 아니었고, 오히려 빵, 국수, 고기 등이 식재료의 주를 이루었다. 이에 필자는 쌀과 밥의 잘못 알려진 정보에 대한 오해를 풀고 소비 촉진을 돕고 싶어 책을 집필하겠다는 마음을 먹게 되었다. 전문적이고 어려운 내용이 아니라 일반인도 쉽게 쌀에 대한 교감을 나눌 수 있는 내용을 담고 싶었다.

우선, 벼농사를 짓는 데 유리하지 않은 지형과 계절적 특성을 지닌 한반도에서 이를 극복하고 벼농사를 짓기 위해 우리 조상들이 얼마나 많은 노력을 했는지와 쌀 한 톨, 밥 한 공기를 만들기 위해 수천 년 동안 밥심(心)으로 버텨 온 우리 조상들의 쌀 문화에 대해 말하고 싶었다.

이런 이야기를 1장에 9개의 에피소드로 담았다. 사실 내용을 추리고 엄선하여 게재하다 보니 9개의 에피소드에 넣지 못한 이야기가 하나 있다. 그것은 임진왜란과 정유재란 중 호남평야에서 나오는 수많은 쌀을 차지하기 위해 조선과 일본이 목숨 걸고 치열하게 싸웠던 '진주성 전투'에 대한 이야기이다. 1·2차 전투 결과 진주성이 함락되었고, 일본은 너무도 잔인하게 진주성에 있는 사람들과 동물들을 참살하는 만행을 저질렀다. 필자에게는 이 전투가 우리나라 역사 중 쌀과 관련된 가장 슬픈 이야기로 느껴졌다. 이 이야기는 다음에 기회가 된다면 다시 풀어보겠다. 1장에 수록된 9개 에피소드는 이와 같이 우리 역사와 일상에서 매우 쉽게 접할 수 있는 내용인데, 이것이 역사적·과학적으로 어떤 의미를 갖고 있는지 깨닫게 되는 시간이 될 것이다.

둘째로 우리 일상과 떼려야 뗄 수 없는 밥에 대한 이야기를 담고 싶었다. 쌀을 이용하여 정말 쉽게 만들어 먹을 수 있는 흰쌀밥과 죽, 간편 주먹밥 등의 레시피를 소개하고 그와 관련된 내용 아홉 가지를 2장에 담았다. 책의 레시피를 따라 음식을 만들어 보면 정말 쉽다고 느낄 것이다. 특히, 세계화 시대를 맞이하여 마지막 레시피에는 우리 쌀밥이 아닌 안남미와 같은 동남아 쌀로 지은 밥을 우리 입맛에 맞게 조리하는 방법도 수록하였다.

마지막으로 한상으로 차려지는 우리나라의 다양한 밥상에 대한 이야기를 담고 싶었다. 쌀밥은 밥상이라는 공간 위에 찬과 국 또는 찌개와 같이 놓여지는데, 밥과 찬이 밥상 위에 한데 어우러져 '쌀밥 한상'이 만들어진다. 밥상에는 상 차리는 사람의 철학과 종교적 교리, 합리성 등이 녹아들어 있고, 상 위에서는 밥과 찬 사이 부족한 영양소끼리의 상호작용이 일어난다. 3장에는 5가지 우리나라의 대표 쌀밥 한상에 대한 이야기를 담았다. 필자는 책을 집필하는 동안 전주, 포항, 안동, 병천과 서울의 사찰을 직접 방문하여 맛있는 쌀밥 한상을 먹고 사진도 찍으며 기분 좋은 날들을 보냈다. 5가지만 엄선한 것이 너무 아쉽지만, 이후 다른 채널을 통해 추가해 보자며 마음을 접었다.

이렇게 해서 이 책 《쌀 밥 한상》이 세상에 나오게 되었다. 첫술에 배부를 수 없다는 말처럼 이 한 권에 우리나라의 쌀과 밥, 한상을 모두 담기에는 많이 부족할 것이라 생각되지만, 쌀과 밥이 우리에게 얼마나 소중한 것인지 전하고픈 필자의 마음이 조금이나마 독자들에게 전해지기를 바란다.

이 책의 집필을 위해 도움을 준 친구들과 밥과 관련된 레시피를 완성하는 데 도움을 준 요리 연구가 및 사진작가, 마지막으로 전국을 돌아다니며 쌀밥 한상을 찾는 데 도움을 준 한상 파트너에게 깊은 감사를 전한다.

2025년 가을

차 윤 환

추천의 글

한국인의 식탁에 매일 오르는 밥의 원료는 바로 '멥쌀'이다. 이 멥쌀은 한의학에서 '갱미(粳米)'라 부르며, 대표적인 '식약공용한약재'에 해당된다. '약식동원(藥食同源)', 즉 약(藥)과 음식(飮食)은 동일한 기원을 갖는다는 뜻이다. 《동의보감(東醫寶鑑)》에서는 갱미(粳米)를 "성질이 화평(和平)하며 위장(胃腸)을 편안하게 하고 설사를 그치게 하며 기운을 강화시키고 마음도 안정시킨다."고 기록하고 있다. 최근 갱미(粳米)에 대한 현대 약리학적 검증에서, 항산화(노화 방지)·고혈압 조절·신경 안정·간(肝) 기능 개선 효과가 입증되었다. 존경하는 차윤환 박사님이 이번에 출간한 책을 통해 '쌀'과 '밥'에 대한 세간의 잘못된 오해가 풀려, 보다 활기차고 건강한 생활을 잘 유지하시길 기원한다.

— 황만기(키본한의원 대표원장, 한의학 박사, 서강대학교 겸임교수)

차윤환 박사의 책은 단순한 요리책을 넘어, 사람에 대한 '기억'과 '정서적 안정감'을 주는 강력한 철학적 매력을 가지고 있다. 이러한 의미에서 저자의 《쌀 밥 한상》은 한민족의 감성을 자극하는 심리적 상징을 담고 있다. 바쁜 현대인의 '결핍된 공감'과 '심리적 허기'를 채워 주는 한국인의 '소울 푸드(Soul Food)'에 대한 깊이 있는 탐구로 구성된 저자의 책을 통해 밥상에 담긴 위로와 공동체의 가치를 재발견하게 될 것이다.

— 김동철(UNIST 바이오심리공학센터 센터장, 심리학 박사)

우리 땅에서 난 쌀 한 톨에 얽힌 수많은 역사적 사건 그리고 우리가 매일 먹는 밥에 대한 즐거운 고찰!
책장을 넘길 때마다 김이 모락모락 퍼지는 듯한 밥 냄새가 그려진다.

- 이재훈(까델루뽀 오너셰프)

개그는 웃음을, 클래식은 감동을, 쌀밥은 배부름을 준다.
완성도 높은 오케스트라의 음악처럼 차윤환 박사의 《쌀 밥 한상》에서 카타르시스를 느낀다.
천고마비의 계절인가 보다.

- 김현철(지휘하는 개그맨)

'내가 먹는 것이 곧 나다'라는 말을 믿는다. 하지만 우리는 수백만 원짜리 옷을 입고, 수천만 원짜리 차를 타면서도 정작 매일 먹는 밥에 대해서는 '충분히' 알지 못한다.
차윤환 박사의 《쌀 밥 한상》은 이런 무지와 무심함을 지적하며 우리가 매일 먹는 쌀과 밥의 이야기를 들려준다. 비로소 내가 어떤 사람인지를 알게 되는 순간이다.

- 김태훈(팝 칼럼리스트)

차례

○ 프롤로그   4

CHAPTER 01   건강한 탄수화물, 쌀

- ○ 벼농사는 진짜 한반도에서 시작된 걸까?   16
- ○ 우리 쌀은 사실 레어 아이템이다   24
- ○ 벼는 먹기만 하는 것이 아니다   32
- ○ 분명 있었는데, 지금은 없다?   42
- ○ 식은 밥도 따뜻한 밥만큼 가치 있다   53
- ○ 현미만 최고? 현미, 백미 모두 최고!   61
- ○ 밥, 빵, 떡   68
- ○ 해브 어 라이스 데이!   76
- ○ 정말로 밥이 보약이다   84

CHAPTER 02　언제나 맛있는, 밥

- 밥맛의 하이엔드를 찍다 **무쇠솥밥** … 94
- 초년생들의 아침을 책임지는 **흰쌀가루죽** … 100
- 쉽고 빠른 영양소 공급을 위한 **타락죽** … 106
- 다양한 식감의 향연
  오이달걀주먹밥 & 돼지고기양파주먹밥 … 112
- 해장에 해장국은 식상해! **명란오니기리와 황탯국** … 119
- 다이어트와 변비의 해결사 **미역밥** … 124
- 면역력을 끌어올리는 **버섯우엉영양밥** … 130
- 떠났던 입맛을 되돌아오게 하는
  누룽지탕 & 현미발효식초 … 134
- 밥 냄새여, 안녕! **안남미카레밥** … 142

CHAPTER 03　최상의 궁합, 한상

- 대한민국 음식의 화려함과 맛의 정점
  전라북도 전주의 한정식 … 152
- 경상도 음식문화의 메카, 유교 음식문화의 집대성
  경상북도 안동의 헛제삿밥 … 156
- 천 년 넘게 내려온 불교의 맛
  서울의 진관사 사찰음식 … 161
- 밥 한 공기만 있으면 완벽해지는 여름의 맛
  경상북도 포항의 물회 … 168
- 서민 밥상의 대표주자, 서민의 소울 푸드
  충청남도 천안의 순댓국 … 174

한 톨의 쌀에도 우주의 이치가 깃들어 있다.

- 불교 경전 《화엄경》 -

CHAPTER
01

건강한 탄수화물, 쌀

벼농사는 진짜 한반도에서 시작된 걸까?

고대 한반도 볍씨에 대한 깜짝 놀랄 이야기

대학생 시절 극예술연구회 활동을 하면서 올렸던 연극이 생각 난다. 연극의 제목은 〈그래도 우리는 볍씨를 뿌린다〉였다. 이 작품은 《물의 나라》, 《불의 나라》, 《은교》 등으로 널리 알려진 박범신 작가의 작품으로, 한국전쟁 속 얽히고설킨 한 가족이 다양한 고난을 겪으며 이를 극복하는 모습과 함께 전쟁 후 폐허가 된 이 땅 위에서 삶을 영위하는 한민족의 모습을 보여 주는 연극이었다. '볍씨를 뿌리는' 행위를 통해 5,000년 동안 이어진 한민족의 끈질긴 모습을 상징적으로 보여 주었다. 이제 와 밝히지만 필자는 작 중 바보 역할인 왕구 역할을 했다. 그런데 그 당시 나를 굉장히 놀라게 했던 사실이 있었다. 그것은 바로 한민족의 비밀을 숨기고 있던 '청주 소로리 볍씨' 때문이었다. 도대체 어떤 이유로 필자가 그리 놀랐던 것인지 이야기를 풀어 보려 한다.

일단 볍씨는 다음 해 벼농사를 짓기 위해 준비해 놓는 벼의 씨앗을 말한다. 추수된 쌀은 대부분 저장과 식용에 적합하도록 가공하는데, 저장용 식용 쌀은 벼농사에 적합하지 않아 볍씨로 쓸 수 없다. 하지만 볍씨가 발견되었다는 것은 벼농사와 관계가 있다는 것으로 생각할 수 있다. 일반적인 과거의 고고학적 견해로는 벼농사가 중국의 양쯔강 유역에서 시작되었고, 그 후 벼농사 기술이 한반도를 비롯한 주변국으로 퍼져 나갔다는 것이 정설이었다. 실제 중국 후난성에서 발견된 볍씨는 대략 1만 1,000년 전의 볍씨로 이런 사실을 증명하는 증거로 사용되어 왔다.

그런데 1996~2001년 충북대, 단국대 연구단이 합동으로 진행한 발굴과정에서 발견된 소로리 볍씨의 추정 연령은 발굴단을 깜짝 놀라게 하였다. 미국의 연대 측정기관인 지오클론과 서울대 가속기질량분석시스템(AMS) 연구실에서 같은 시료를 교차 검증한 결과 1만 2,890~1만 4,090년 이전으로 추정 연령이 판정된 것이다. 실험결과만 놓고 보았을 때 중국에서 발견된 가장 오래된 볍씨보다 2,000년 이상 더 오래된 볍씨가 한반도의 청주 소로리에서 발견된 것이다.

| 소로리 볍씨

| 유사 벼 출토 토탄층

한반도 벼농사 역사의 시작

반만 년의 역사를 가지고 있는 우리나라의 역사 기간보다 더 오래된 1만 년 전부터 벼농사를 짓고 있었을 것이라는 가능성의 발견은 정말 놀라운 사실이었다. 중고등학생 시절 벼농사의 시초는 중국이라 배웠고, 이 외에도 많은 문화가 중국에서 한반도로 유입되었다는 것을 당연하게 생각했는데, 우리의 가장 중요한 식재료인 쌀을 키우는 벼농사의 기원이 한반도였을 수도 있다는 가능성은 놀라움과 자부심을 갖기에 충분했다.

물론 소로리 볍씨에 대해서는 의견이 분분하다. 소로리 볍씨의 발견 지층이 오염되었고, 지층 역전이 일어나 연대를 믿을 수 없다는 의견부터 탄소 동위원소의 반감기를 이용한 연대측정법을 맹신해서는 안 된다는 의견도 존재한다. 그러나 한반도의 벼농사 기원설이 합당한지,

| 한반도 벼농사 전파 경로

또 그것이 정설로 인정받게 될 것인지에 대해서는 향후 고고학자들이 결정할 내용이다. 한 명의 분석화학자인 필자의 입장에서 과학적 사고로 본다면 한반도 벼농사 기원설은 충분히 고려하고 연구해 볼 가치가 있다고 생각한다. 그 이유는 다음과 같다.

한반도 벼농사 기원설의 연구 가치

첫 번째, 세계에서 가장 오래된 볍씨를 인위적으로 만들어 주작(做作)을 하는 것은 불가능하다. 종이로 예를 들어 설명해 보자. 역사적으로 고대 중국에서 종이가 발명되었고, 기원후 105년경, 즉 2세기에 중국에 있던 제지기술을 개량화, 체계화, 표준화하여 현대 종이의 직계가 되는 종이가 만들어졌다. 한반도에는 4~7세기경 종이가 유입된 것으로 전해지고 있다. 이 경우 중국에서 3세기경에 만들어진 종이를 구하고, 땅속에 대충 묻은 다음 발굴하여 3세기경 한반도에 종이가 전해졌다고 하는 주작은 어느 정도 가능하다고 본다. 그런데 중국보다 1,000년이나 더 빠른 기원전 8세기에 만들어진 종이가 한반도의 지층에서 발굴되었다? 이 의견은 받아들이기 쉽지 않다. 기원전 8세기의 오래된 종이를 어디서 어떻게 구할 수 있느냐는 것이다. 청주 소로리 볍씨도 마찬가지다. 이전 최고령 볍씨보다 2,000년 이상 더 오래된 볍씨가 도대체 어디서 왔을까 하는 질문에 답하기는 쉽지 않아 보인다.

연대측정이 불확실할 수 있다고 주장하는 이들도 있다. 탄소 동위원소의 반감기를 통한 몇백 년 정도의 연대측정 오류는 인정할 수 있을지 모르지만 수천 년의 측정오류가 발생했다면 반감기 측정법을 잘못 선택한 결과라 볼 수 있다. 하지만 소로리 볍씨의 연대측정은 미국과 한국에서 교차 체크를 했기 때문에 측정법과 결과가 잘못되었다고는 생각되지 않는다. 따라서 대략 1만 5,000년으로 추정되는 소로리 볍씨의 연령은 믿는 것이 더 신빙성 있는 것이라 생각된다.

두 번째, 일제강점기 일본의 조사 결과이다. 우리의 아픈 역사인 일제강점기 시절 일본은 한반도를 식민화하는 과정에서 행정, 입법, 사법 및 군대까지 손에 쥐고 우리 민족을 탄압하였다. 그 과정 속에서 일본은 집요하고도 무섭게 우리에 대해 철저히 조사하였다. 우리도 모르는 우리에 대해서까지 정말 철저히. 필자는 과거 《조선의 귀신》이라는 책을 우연히 접하게 되어 읽어 보았는데, 이 책에는 조선시대 시중에서 유행하는 무당, 굿, 점 치는 법과 조선인이 믿는 귀신의 종류, 퇴마법과 부적 쓰는 법 등이 아주 자세히 기술되어 있었다. 1929년 '무라야마 지준'이라는 일본인이 지은 책으로 집필 목적은 조선총독부가 조선에서 식민지 정책을 원활하게 수행하기 위함이었다고 한다. 일본은 조선을 침략하는 과정 중에 조선인과 관련된 무속신앙까지도 이렇게나 철저하게 조사를 한 것이다.

이런 일본이 한국을 통해 수탈해 갔던 쌀에 대해 조사를 하지 않았을 리 없다. 실제로 일제강점기에 일본 농학자들이 한반도에서 조사하고 수집했던 쌀 재래종 수는 무려 5,623가지나 되었다고 한다. 3,500년 전 청동기 시대에 한반도로 농사기법이 유입되어 재배되었다는 것이 역사적 정설로 알려진 벼농사의 유래인데, 단 3,500년 사이에 5,623가지나 되는 재래종을 교배시켜 재배하고 있었다는 것은 시간적으로 부족해 보인다. 결국 실제로는 그보다 더 오랜 시간 동안 재래종 쌀이 한반도에서 재배되고 자라서 만들어진 결과라고 설명하는 것이 더 논리적으로 보인다. 하지만 이렇게 다양하게 존재하던 한반도 재래종 쌀은 수확량 증대를 위해 보급된 일본 품종에 밀려나 많이 사라졌으며, 대한민국의 근대화 과정 중 쌀 자급자족의 깃발 아래 자리를 잃게 되었다. 그래도 다행스러운 것은 농업유전자센터 종자은행에 450여 종의 재래종 벼의 종자가 보관되어 있고, 몇몇 곳에서 재래종 벼를 재배하고 있다.

재래종 쌀과 지역 특산 쌀의 콜라보레이션

현재 대한민국에는 다양한 지역 특산 쌀들이 존재한다. 여주쌀, 이천쌀, 철원쌀, 경기미, 신유빈쌀 등은 각 지역마다 지역명과 유명인의 이름을 앞세운 쌀들이다. 하지만 이름만 다를 뿐 대부분의 쌀은 같은 종을 파종하고 추수한 것으로, 지역별로 맛에 큰 차이가 나지 않는다.

| 재래종 벼의 대표 돼지찰벼(좌)와 버들벼(우)

조선시대에 다양한 재래종 벼가 전국에 존재했다는 사실은 다음과 같은 상상을 하게 만든다.

'각 지역에 적합한 재래종 벼를 키워서 쌀을 얻고 그 쌀이 여주쌀, 이천쌀, 철원쌀, 경기미나 신유빈쌀이 된다면? 각 브랜드 쌀마다 밥맛이 모두 달라서 사람들이 그 지역을 돌며 관광을 하고, 그 지역의 쌀로 지은 밥맛을 보려고 밥집 앞에 줄을 서서 기다리는 시대가 온다면?'

정말 밥맛 나는 즐거운 상상을 해 본다.

에피소드

2025년 10월, 책을 집필하는 중 청주에 직접 방문하여 소로리 볍씨를 영접하는 시간을 가졌다. 그 과정에서 새롭게 알게 된 사실과 아쉬웠던 내용들을 몇 자 적어볼까 한다.

청주는 소로리 볍씨와 관련되어 '청주 소로리 볍씨 출토지'와 '청주 소로리 볍씨 상징 조형물'을 관리하고 있다. 그러나 필자가 방문했을 때 청주 소로리 볍씨 출토지는 접근이 어려운 상태였다. 발굴을 위해 접근을 금지시킨 것이라면 다행이겠지만, 공장 건물이 사방을 막고 있어서 진입이 어려웠던 것으로 관리 부분에서 아쉬움이 남는다.

청주 소로리 볍씨 상징 조형물 또한 현존하는 세계 최고 볍씨를 기념하기 위해 만들어진 조형물임에도 주차 공간 하나 없는 자동차 도로 옆에 위치하고 있어 근접성 면에서 출토지 관리와 마찬가지로 조금 아쉬움이 남았다.

| 청주 소로리 볍씨 조형물

현재 소로리 볍씨 원물은 충북농업과학관(충북 청주시 청원구 오창읍 가곡길 46) 입구에 전시되어 있다. 청주시는 선사박물관 건립을 추진 중에 있으며, 완공 후 소로리 볍씨 원물은 새로운 박물관으로 이동할 예정이라고 한다.

| 소로리 볍씨 원물

우리 쌀은 사실
레어 아이템이다

격렬했던 파동의 시대

산업화의 과정을 겪어온 세대에게 'ㅇㅇ파동'이라는 말은 다양한 기억을 떠올리게 한다. 우리가 겪은 여러 파동 중에는 '석유파동'이 있었다. 지금은 주로 오일쇼크라는 말로 불리고 있지만, 왠지 필자는 석유파동이라는 표현이 더 입에 착 붙는 것 같다.

| 석유파동 시절 주유소에서 석유를 구입하는 모습

학창 시절, 학교에서 석유파동과 관련된 에너지 절약 표어 만들기 수업이 진행되었던 것과 한등 끄기 운동 등은 아직도 생생하다. 그 당시 석유파동과 관련된 드라마도 만들어졌다. 자동차 연료통에서 호스로 기름을 빼내어 훔쳐 가는 도둑 이야기였는데, 드라마를 보는 내내 에너지를 아끼지 않으면 나라가 곧 망할 것 같았던 느낌이었다.

1970년대 초반에 있었던 석유파동 당시 필자는 어렸기 때문에 석유파동에 대한 직접적인 기억이 적은 편이지만 고추파동은 어느 정도 기억이 난다.

고추파동은 1978년 전국적인 고추 흉작으로부터 시작된다. 극심한 고추 흉작으로 국내산 고춧가루는 귀하디 귀한 몸이 되었고, 그야말로 금값이었다. 그 와중에 고추씨를 갈아 붉은 색소로 물들인 유사고추가 횡행했으며, 나중에는 톱밥고추까지 등장할 지경이었다. 지금은 고춧가루가 없으면 없는 대로 살아갈 수 있고 여러 가지 대안이 있지만, 그 당시에는 '김장'이 가을철 우리나라의 최대 연례행사이자 가족행사였기에 고춧가루의 수급이 어려운 상황은 국가적 재난에 가까운 쇼크였다. 그도 그럴 것이 김치는 먹을거리가 부족한 서민들이 변변한 반찬 없이도 겨우내 밥상에 올려 먹을 수 있는 유일한 저장음식이었기에 주재료인 고추의 가격 폭등은 서민들의 팍팍한 삶을 한층 힘들게 하여 나라 전체가 술렁이게 된 것이다. 이에 정부는 해결책으로 그때까지만 해도 잘 알려지지 않은 인도와 멕시코 등지에서 급히 고추를 수입하여 김장을 준비하게 하였다. 그런데 한 가지 변수가 있었으니 매운맛의 척도 스코빌지수가 우리나라 매운 고추의 대명사 청양고추보다 몇십 배에서 몇백 배나 더 높은 고춧가루가 바로 그 당시 수입산 고춧가루였다. 이런 고춧가루를 김장김치는 붉어야 제 맛이

| 고추파동 시절 고춧가루를 사기 위해 몰려든 사람들

라 하여 듬뿍 넣었으니, 1978년의 김치는 5,000년 우리 역사 중 모르긴 몰라도 가장 매웠을 것이다. 그래서인지 고추파동 하면 필자의 기억 속에는 그 시절 김치가 매워도 너무 매워서 물에 계속 씻어 먹었던 것만 떠오른다.

불면 날아갈 듯 가벼운 안남미의 등장

'쌀파동이 언제였나?' 하고 질문하면 언제였나 싶어 고개를 갸우뚱하는 이들이 많을 것이다. 그도 그럴 것이 석유파동이나 고추파동처럼 어느 시기에 딱 하고 터진 것이 아니라 벼농사가 심하게 흉작이 들면

언제든 당연하게 찾아오는 것이 쌀파동이었기 때문이다. 보릿고개와 산업화의 과정에 있던 1960~1980년대의 대한민국은 봄에 내리는 비의 양과 장마철의 폭우, 여름 끝자락에 어김없이 들이닥치는 태풍의 영향으로 해마다 벼농사가 피해를 입었고, 흉작으로 이어져 쌀파동을 매번 겪어야 했다. 특히, 산업화를 위해 농촌인구가 도시로 이동하는 이촌향도현상으로 농촌의 쌀생산량이 점차 줄면서 쌀부족 현상은 더욱 심화되었다. 이 시점에서 제시된 해결책이 쌀 수입이었다. 동남아 등지에서 쌀을 수입하여 일반인에게 판매했는데, 이때 베트남 쌀을 지칭하는 '안남미'라는 말이 알려지게 되었다.

'안남'은 베트남의 중부를 지칭하는 말로, 안남미의 등장은 생각보다 꽤 오래전으로 거슬러 올라간다. 1900년 구한말에 극심한 흉작과 일본의 쌀 수탈로 서민들이 먹을 쌀이 부족해지자 이를 해결하기 위해 베트남에서 쌀을 수입하여 유통했던 것이 안남미이다. 일반적으로 안남미 하면 생각 나는 두 가지 특성은 '찰기가 없어 낱알이 날아다닌다'와 '밥에서 냄새가 난다'는 것이다. '안남미를 먹으면 남자가 가벼워져서 바람에 날아다닌다'는 우스갯소리도 이때 떠돌았다.

자포니카 쌀과 인디카 쌀의 비교

우리나라의 쌀과 안남미는 재배지역이 다른 부분에서도 차이가 있지만 종자의 차이가 더 크다. 생물학적 계통명을 보면 우리나라 쌀은 자포니카(Japonica) 계, 안남미는 인디카(Indica) 계이다. 이 두 가지는 세계에서 재배되는 쌀의 품종을 대표하는 2대 품종이다.

자포니카 쌀은 우리나라와 일본 및 중국 일부에서 재배되는 쌀이다. 생산량이 세계 총생산량의 10% 남짓밖에 되지 않아서 엄밀히 말해 세계적으로 희귀한 쌀이라 할 수 있다. 생김새는 상대적으로 짧고 통통한 모양이며, 찰기가 있어 잘 뭉치는 특성이 있다. 한국의 쇠젓가락과 끝이 가느다란 일본의 대나무 젓가락으로 밥을 편하게 집어 먹을 수 있는 것은 바로 찰기가 높기 때문이다. 최근 넷플릭스 애니메이션 〈케이팝 데몬 헌터스〉의 인기와 함께 전 세계적으로 김밥이 큰 화제를 모으고 있다. 김밥과 삼각김밥, 주먹밥 등이 발달할 수 있었던 이유도 밥알이 잘 뭉치는 찰진 자포니카 쌀 덕분이다.

| 자포니카 쌀

| 인디카 쌀

인디카 쌀은 전 세계 쌀 생산의 90%를 차지하는 주요 쌀로, 생김새는 길고 가늘다. 인디카 쌀은 전분 속에 아밀로스(Amylose)의 함량이 20~25%로 자포니카 쌀의 17~20%보다 높다. 아밀로스의 함량이 높으면 찰기가 적어 뭉치지 않고 흩어지는 특성을 갖는다. 이것이 안남미의 첫 번째 특징이다. 중국 식당에서는 인디카 쌀로 만든 밥을 내놓을 경우 기다란 나무젓가락을 제공하는 경우가 많은데, 그 이유는 쌀의 특성 때문에 후루룩 하고 쓸어 담아 마셔야 하기 때문이다. 인도 지방에서는 손으로 먹는 방법이 일반적인데, 이 역시 찰기가 없는 밥 때문에 손으로 집어서 엄지손가락으로 밀어 넣어 먹는 것이 숟가락을 이용하는 것보다 편한 이유에서다. 서양인은 쌀(Rice)을 머리카락 속에 사는 해충인 이(Lice)에 비유하여, 쌀을 손으로 먹는 아시아인을 비하하고 인종차별의 주제로 사용하기도 한다.

안남미에서 밥 냄새가 나는 이유

안남미가 가지고 있는 특징 중 두 번째는 바로 냄새이다. 밥에서 나는 냄새는 자포니카와 인디카의 품종 차이에서 오는 것으로 여기에는 두 쌀의 비밀이 숨어 있다.

그 비밀은 바로 우리가 먹는 자포니카 쌀은 밥 냄새가 적은 쌀이라는 것이다. 자포니카 백미로 밥을 지으면 밥 냄새가 적은 정도가 아니라 실제로는 향이 아주 빈약하다. 우리나라에서는 밥을 짓기 시작하면 뜸이 들어 밥이 완성될 때까지 절대로 뚜껑을 열지 않는다. 뜨거운 조리 과정에서 뚜껑을 열면 밥 속에 존재하던 밥 향이 급격하게 줄어들어 저급의 쌀밥이 되기 때문이다.

일반적으로 밥 향에 영향을 주는 영양소는 단백질이다. 쌀 속에 존재하는 단백질의 함량이 높을수록 밥 향은 더 강해진다. 현미(9%)의 단백질은 도정을 거쳐 백미(6.4%)가 되면서 30% 가까이 손실되며 그만큼 밥 향도 줄어들게 된다. 최근에는 그 차이가 줄어들기는 했지만 여전히 인디카 쌀의 단백질 함량이 자포니카 쌀보다 높다. 따라서 인디카 쌀로 밥을 지으면 밥 향이 강하게 남게 되는데, 이런 향에 익숙하지 않은 우리나라 사람들은 당연히 거부감을 느낄 수 있다. 특히, 보온밥통에 밥을 보관할 경우 이 향은 더 두드러진다. 인디카 쌀을 먹는 인도와 동남아시아는 향신료가 많이 첨가된 카레, 고기, 수프 등과 함께 먹기 때문에 상대적으로 밥 향이 강해도 큰 문제가 없지만, 밥과 반찬을 따로 먹는 우리에게는 생각보다 호불호가 갈릴 수밖에 없다.

그런데 여기서 한 가지 궁금증이 생길 수 있다. 우리 방식을 사용하여 안남미로 밥을 짓게 되면 분명 특유의 향이 남을 텐데, 혹시 향은 줄이고 맛있게 먹을 수 있는 안남미 밥을 짓는 방법이 따로 있는 것은 아닐까? 즉, 우리가 모르는 태국, 베트남, 인도만의 냄새 없이 밥 짓는 노하우가 따로 있지는 않을까?

인디카 쌀로 밥을 맛있게 만드는 방법을 인터넷 등에서 검색해 보면, 일단 우리의 밥 짓는 방법과 거의 같지만 꼭 한 가지를 다르게 해야 한다고 답변한다. 압력솥을 쓰지 말고 일반 냄비솥을 써야 한다는 것이다. 아주 적절한 대답이다. 그 이유를 조리 과학적으로 설명하면 다음과 같다. 압력솥은 강한 밀폐력 때문에 밥이 되는 과정 중 쌀 속에 있는 향 성분을 붙잡아 두지만, 일반 냄비솥을 쓰면 밀폐력이 약하기 때문에 밥 향의 성분이 휘발된다. 결과적으로 인디카 쌀 특유의 냄새가 줄어들게 되는 것이다. 그렇다면 이 방법이 과연 최선일까? 필자가 추천하는 인디카 쌀의 냄새를 줄이는 방법은 다음 장에서 자세히 소개하기로 하겠다.

벼는 먹기만 하는 것이 아니다

벼는 우리 조상들의 살림 밑천이었다

　벼농사를 짓는 이유는 쌀을 얻기 위해서이다. 하지만 과거부터 우리 민족은 벼농사를 통해 쌀 외에도 일상생활에서 없어서는 안 될 중요한 소재들을 얻어 왔다. 일단 쌀을 도정하면서 얻을 수 있는 '왕겨'는 사과 등을 담는 과일상자에 넣어 과일들이 서로 부딪히고 상처 나는 것을 방지하는 데 사용되었다. 또 백미를 얻기 위해 현미를 도정할 때 얻을 수 있는 '쌀겨'는 죽 등을 만드는 식재료와 동물사료로 사용되었다. 하지만 우리에게 가장 중요한 벼의 부산물은 '짚'이라 할 수 있다. 우리 조상들은 짚을 꼬아 새끼줄을 만들고, 짚신을 만들고, 비 오는 날 입는 우비도 만들었다. 그뿐 아니라 달걀 꾸러미를 만들 때 사용하기도 했고 멍석도 만들었으며, 어머니들이 머리 위에 항아리나 광주리를 올리기 위해 사용했던 짚 똬리도 만들었다. 근대화 이전의 농촌에는 초가집들

| 짚신

| 초가집

이 많이 있었는데, 초가집 지붕의 재료로 짚을 사용하였으며 소의 여물로도 이용하였다. 이렇듯 우리나라는 다양한 곳에서 벼를 사용하였고, 대표적인 벼 문화권 국가가 되었다.

'쌀은 곧 밥이다'라는 생각을 많은 이들이 갖고 있다. 이 말은 어찌 들으면 '쌀은 밥을 지어 먹는 데만 사용한다'라는 생각과 연결된다. 일단 50%는 맞는 말이다. 우리는 벼를 추수하여 얻은 쌀로 대부분 밥을 지어 먹기 때문이다. 그런데 이런 인식이 오히려 쌀 소비의 발목을 잡고 있는 것 같다. 쌀 소비 촉진이라는 말을 들으면 대부분 밥을 많이 먹어야 한다고 생각하지만, 이는 진정한 쌀 문화를 잘 모르기 때문에 생기는 선입견이다.

쌀의 3단 변신 : 전분, 포도당, 알코올

밥 이외에도 쌀을 이용하여 만들 수 있는 식품 중에는 술이 있다. 전 세계적으로 포도주 같은 과실주를 제외한 대부분의 술은 곡류를 이용하여 만든다. 쌀, 밀, 보리, 옥수수, 감자 등 전분질을 가지고 있는 식재료는 모두 술을 만드는 재료가 될 수 있다. 완성된 술에는 각각 지칭하는 표현이 존재한다. 쌀을 이용한 술은 청주와 막걸리, 보리를 이용한 술은 맥주와 위스키, 고량주라 부르며, 어떤 곡류를 사용했느냐에 따라 술의 성향이 약간씩 다르게 나타난다. 주당들은 이런 술의 차이를 즐기면서 한 잔 두 잔 홀짝 홀짝 시음을 하기도 하는데, 어떨 땐 종류가 많아 시음을 하다가 과음하는 일도 종종 발생한다.

술의 발효과정에 대해 간단히 설명해 볼까 한다. 술의 발효는 효모가 포도당을 발효시켜 알코올을 만드는 것이다. 즉, 알코올은 반드시 포도당과 효모가 있어야만 만들어진다. 포도주 같은 과실주의 경우 과일의 단맛을 내는 포도당이나 과당이 존재하고 과일의 껍질 부분에 효모가 존재하기 때문에 과일을 으깨서 발효 조건에 맞추면 자연스럽게

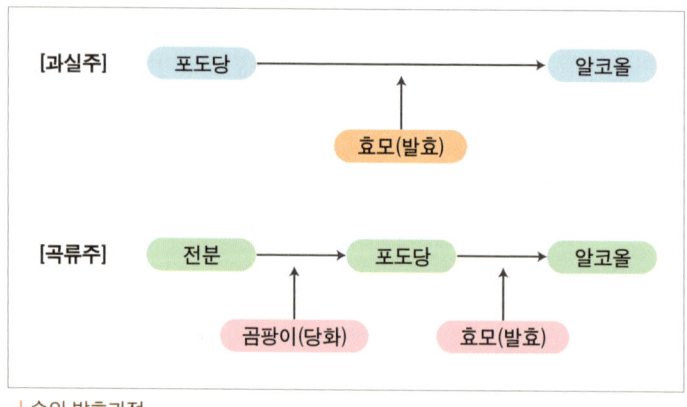

| 술의 발효과정

효모에 의해 알코올 발효가 진행되고 술이 만들어진다. 역사적으로 가장 처음 만들어진 술을 포도주로 보는 것은 과실주의 쉬운 발효과정 때문이다.

누룩과 전통주의 관계

하지만 쌀을 이용하여 술을 담그는 과정은 생각보다 복잡하다. 쌀에도 포도당이 존재하지만 '전분'이라는 서로 결합된 고분자 상태로 존재한다. 손수제비를 만들기 위해 반죽해 놓은 덩어리를 떠올리면 이해가 쉽다. 이 반죽을 한입에 먹을 수 있는 크기로 작게 떼어 내는 것처럼 전분을 포도당으로 분해해야 하는데, 이 과정에는 '아밀레이스(Amylase, 아밀라아제)'라는 소화효소가 필요하다. 우리는 오래전부터 아밀레이스를 얻기 위해 '누룩곰팡이'라는 발효 미생물을 이용하였다. 흔히 말하는 누룩 만들기 과정은 청주나 막걸리를 만들 때 꼭 필요하다. 쌀로 지은 밥으로 모양을 내어 성형한 후 누룩 배양실에 보관하면 시간이 지난 후 표면에 누룩곰팡이가 자라게 되는데, 누룩 만들기는 이 일련의 과정을 거친다. 흔히 밥을 이용하여 성형을 하는 과정만을 누룩이라고 생각할 수 있지만, 엄밀히 이야기하면 밥에 곰팡이가 펴 있는 발효제를 누룩으로 봐야 한다.

| 전통 누룩

| 현대 누룩

여기서 누룩에 대해 조금 더 설명해 보겠다. 보통 발로 밟아서 납작하고 동그랗게 모양을 만든 것이나, 커다란 장기알 모양으로 성형하고 가운데 부분을 움푹하게 파 놓은 것만 누룩이라 생각할 수 있다. 과거 전통적인 누룩이라면 이 모양이 맞다. 곰팡이가 잘 필 수 있도록 최대한 공기와의 접촉 면적을 넓게 만들고, 움푹 파인 공간은 발효 중 수증기가 응축되어 곰팡이가 잘 피는 습도 조건을 만들어 주는 용도로 사용되었다. 하지만 이런 전통 누룩 모양은 온도와 습도를 잘 조정할 수 없었던 과거에 적합한 모양이다. 최근에는 누룩 배양실의 온도와 조건을 조절할 수 있기 때문에 그냥 둥근 공 모양의 적당한 크기로 만들어 사용해도 전혀 문제가 되지 않는다. 누룩을 만드는 데 너무 많은 신경을 쓰지 않아도 되는 세상이 된 것이다.

누룩에 곰팡이가 피었다면 이제는 곰팡이를 갈아서 제거해야 한다. 왜 힘든 과정을 통해 얻은 곰팡이를 갈아 내는 걸까? 그것은 우리가 누룩을 만든 이유가 곰팡이가 필요해서가 아니라, 곰팡이가 만들어 놓은 아밀레이스 같은 효소가 필요한 것이기 때문이다. 효소는 이미 누룩의 표면을 통해 누룩 속까지 침투되어 있는 상태이기 때문에, 표면의 곰팡이를 적절히 제거하는 것이 이후의 술 발효에 더 도움이 된다. 곰팡이를 제거하지 않아 누룩에 곰팡이가 많이 남아 있으면 이후에 만들어지는 청주와 막걸리의 맛과 향에 나쁜 영향을 줄 수 있다.

누룩 속에는 아밀레이스라는 효소가 들어 있어 누룩을 부숴 물에 섞은 다음 효모를 넣으면 효소가 전분을 분해하여 포도당을 만들고, 그 포도당을 효모가 발효시켜 알코올을 만드는, 즉 알코올 발효가 자연스럽게 진행된다. 이 과정을 통해 막걸리가 만들어진다. 또 막걸리를 가만히 두면 위에 맑은 층이 생기는데, 이 층을 모으면 청주가 되므로 청주와 막걸리는 동체라 할 수 있다.

최근 들어 전국 각 지역의 마트에서 다양한 지역 막걸리가 판매되고 있다. 다양한 선택을 할 수 있어 필자에게는 더 없이 행복한 세상이 되었고, 막걸리 한 병을 마시는 것과 동시에 쌀을 소비하는 일석이조의 효과를 낼 수 있게 되었다.

| 다양한 지역별 막걸리

아픈 기억의 술, 슬픈 초록병 소주의 등장

　소주, 맥주, 양주, 포도주 등 다양한 주종이 넘치는 2025년 현재에도 우리나라 사람들의 막걸리 사랑이 이렇게나 큰데, 마실 수 있는 주종이 부족했던 과거에는 막걸리와 좋은 전통주에 대한 사랑이 얼마나 깊었을지 상상이 된다. 우리 조상들은 집집마다 술을 발효시켜 먹었는데, 이런 술을 '가양주' 또는 '가택주'라 불렀다. 경주, 전주, 안동 등 전통이 깊은 도시에는 지역을 대표하는 가양주들이 아직도 남아 있는데, 이는 유명 종갓집들이 술을 스스로 만들어 제사상에 올리는 풍습 때문에 뿌리 깊게 유지되었고, 그 덕분에 아직도 남아 있는 것이 아닌가 생각된다.

　조선시대 서민들은 주막에서 가벼운 탁주 등을 즐겼다. 사극을 보면 선비들이 주막에 들어가면서 "주모, 여기 국밥에 탁주 한 병 주시게."라고 말하는 장면을 많이 볼 수 있다. 여기서 '주모(酒母)'란 술을 담가 파는 여성을 지칭하는 말이다. 과거 MBC에서 방영했던 〈다모(茶母)〉라는 드라마가 있었는데, 여기서 다모는 차를 만드는 여성을 지칭하는 말이다.

| 안동 소주　　| 경주 법주　　| 전주 이강주

이처럼 과거에는 식품을 만드는 여성을 주모, 다모, 찬모 등으로 불렀다.

《조선왕조실록》 등의 기록을 보면 조선시대에는 수시로 '금주령'을 내렸다는 기록들이 있다. 현재는 감자, 옥수수, 고구마 등 다양한 재료를 이용한 술 발효가 가능하지만 조선시대에는 쌀만을 이용하여 술을 만들었기 때문에 술을 마신다는 것은 곧 밥을 만들어 먹을 쌀을 소비하는 것으로 볼 수 있었다. 그래서 나라에 흉년이 길게 들면 먹을 쌀이 부족해져 술 만드는 데 사용되는 쌀을 줄이기 위해 금주령을 내린 것이다. 이후 흉년이 지나가면 우리 조상들은 어김없이 쌀로 술을 담가 마셨고, 풍년이 드는 해는 당연하게 더 많은 쌀로 술을 만들어 마시면서 풍류를 즐겼다.

우리나라에 몇십 년 동안 자연적 흉년이 아닌 강제적 흉년이 아주 심하게 든 때가 있었다. 이 기간 동안 우리 전통주는 치명상을 입고 맥이 끊어진 상태가 되어 거의 사망선고 직전까지 갔었는데, 그 기간은 바로 일제강점기였다. 일제강점기 동안 일본은 '쌀 수탈정책'과 '병참기지화'라는 두 가지 정책으로 우리나라의 전통주를 말살시켰다.

일제는 한반도에서 생산된 쌀을 무작위로 수탈하여 일본으로 가져가는 쌀 수탈정책을 펼쳤다. 이 과정에서 주세법을 만들었으며, 집에서 만드는 가양주를 모두 불법화시켰다. 더 많은 쌀을 수탈하기 위해 가장 기본적인 식사에 필요한 쌀을 제외하고는 쌀로 만드는 대표적 음

| 쌀 수탈정책으로 군산항에 수북히 쌓인 쌀가마니

식인 술의 제조를 막아 버린 것이다. 이로 인해 일제강점기 직전까지도 편하게 만들어 먹던 가양주는 하루아침에 밀주, 불법 술이라는 낙인이 찍히게 되었고, 시간이 흐르면서 단속과 처벌이 점점 더 강해지자 결국 가양주 제조는 줄어들 수밖에 없었다.

두 번째 정책인 병참기지화는 군사기지화의 의미로 해석할 수 있다. 우리의 일상 터전을 전쟁물자를 만드는 기지로 바꾸겠다는 것이었다. 당시에는 전쟁물자로 사용될 수 있는 물질 중 고순도 에탄올인 주정이 있었다. 지금은 고순도 에탄올을 화학적으로 합성하여 만들지만 당시에는 합성기술이 부족하였기에 감자, 고구마 등의 저렴한 전분질 재료를 발효시켜 알코올을 만들고 이를 정제 농축하여 주정을 만들어 사용하였다. 이 주정에 물을 타고 약간의 단맛을 넣어 만든 술이 지금 우리의 일상에서 한 자리를 차지하고 있는 바로 '희석식 소주'이다.

| 일제강점기 진로소주(좌)와 최초의 소주 공장의 탈세 사건 기사(우)

　가양주로 술을 즐기던 우리 민족은 일제의 압박으로 더 이상 가양주를 만들지 못하게 되었지만, 그 빈자리를 주정을 희석하여 만든 희석식 소주가 채우게 되었다. 그 후로 100년이 지난 지금, 국민주로 사랑받는 소주는 어떻게 보면 우리 민족의 고난을 상징하는 술이라 할 수 있겠다. 그런데 아이러니하게도 희석식 소주를 마시게 했던 일본은 정작 희석식 소주를 마시지 않는다. 세계적으로 희석식 소주를 대단위로 소비하는 국가는 대한민국이 거의 유일하다. 고난 끝에 탄생한 소주는 한국의 영화와 드라마에서 자연스럽게 노출되며 오히려 K-푸드의 한 축으로 '초록병=한국술'이라는 이미지의 각인과 함께 각광받으며 세계 속으로 나아가고 있다.

분명 있었는데, 지금은 없다?

한·중·일 내가 원조!

벼는 예전부터 우리의 일상생활과 밀접한 연관성을 가지고 있었고, 다양한 생활도구의 재료로 사용되어 새끼줄, 짚신, 돗자리, 멍석, 초가집 등을 만드는 데 사용되었다. 쌀은 밥을 만드는 주요 곡물로 사용될 뿐 아니라 밥 이외에도 식혜, 술, 한과 등의 다양한 형태로 변형되어 우리 식생활에 없어서는 안 될 식재료가 되었다.

| 김치

| 기무치

| 파오차이

쌀 문화권인 한국, 중국, 일본은 쌀을 주식으로 하는 것 외에도 식문화에 많은 공통점을 가지고 있다. 일단 두부를 먹는 식습관과 김치, 기무치 같은 채소 절임을 반찬으로 먹는 문화도 비슷하다. 2000년쯤에 CODEX 국제식품규격위원회에서 식품 파트 중 김치의 표준을 설정함에 있어 한국의 '김치'와 일본의 '기무치'가 서로 표준으로 채택되기 위해 경쟁했다는 이야기는 그 시대를 살았던 한국인에게는 너무나 유명하다. 당시 일본의 기무치를 누르고 한국의 김치가 채택되어 너무나 당연한 상황임에도 어깨에 힘이 가득 들어갔던 기억이 있다. 그런데 20년 정도가 흐른 후 갑자기 중국이 자신들의 '파오차이'가 김치의 원조라 주장하며, 국제표준화기구(ISO)에 파오차이를 김치의 기준으로 신청했다는 뉴스가 보도되면서 또 한번 큰 논란을 일으켰다.

| 된장(한국)

| 청국장(한국)

| 미소된장(일본)

| 낫토(일본)

| 황두장(중국)

한·중·일의 식문화는 기후 등 생활환경의 유사성으로 서로 비슷한 면이 있고, 그에 따라 비슷한 형태의 식품이 존재한다. 김치, 기무치, 파오차이 외에 발효식품인 '장'도 비슷하다. 우리나라의 된장, 청국장과 비슷한 식품이 일본에는 미소된장, 낫토 등으로 존재한다. 중국 역시 콩을 이용한 다양한 장이 존재하여 동아시아 삼국은 모두 콩을 발효시킨 장류를 음식에 이용하고 있다.

우리나라만 전통 식초가 없다?

그런데 김치, 된장과는 달리 동아시아 삼국의 유사성이 보이지 않는 식품이 있으니, 바로 식초이다. 세계적인 3대 식초라 하면 이탈리아의 발사믹, 일본의 흑초, 중국의 향초를 말한다. 발사믹은 포도를 이용하여 만드는 발효 숙성 식초로, 이탈리아의 모데나 지역에서 수백 년간 전통을 이어오고 있다. 포도를 압착하여 포도즙을 내고 농축한 다음 나무통에서 발효하여 완성되며, 점성이 있고 짙은 갈색을 띠며 달콤 쌉싸름한 맛이 특징이다.

| 발사믹(이탈리아)

| 흑초(일본)

| 향초(중국)

흑초는 일본 규슈 가고시마 지역의 특산 식초로, 쌀을 이용하여 누룩을 만들고 2년 이상 발효 숙성시키며, 풍부한 감칠맛과 생리활성물질이 들어 있어 건강에 좋은 식초로 알려져 있다.

향초는 찹쌀을 발효시켜 만든 중국의 전통 식초로, 날카로운 신맛보다는 둥글둥글하게 부드럽고 달콤하며 감칠맛이 풍부한, 복잡한 신맛을 낸다. 향초는 식초의 신맛과 간장의 감칠맛을 한꺼번에 가지고 있다. 우리가 흔히 중국 음식점에서 만두나 탕수육을 찍어 먹기 위해 식초와 간장을 섞어 소스를 만드는데, 이것은 중국의 향초 맛을 따라 하기 위함이다.

우리나라에만 식초가 없는 근본적 원인

그런데 여기서 잠시 생각해 봐야 할 것이 있다. 중국과 일본은 각각 향초와 흑초라는 전통 식초를 가지고 있는데, 왜 한국만 전통 식초가 없을까? '우리나라의 발효기술이 두 나라보다 뒤떨어져서 식초 발효를 진행시키지 못해 없는 것일까?' 하는 생각을 할 수 있지만, 발효에 관해서는 세계 1위의 전통기법을 가지고 있던 우리 선조들이 식초 하나 제대로 발효하지 못했다는 것은 논리적으로 이해되지 않는다.

식초 발효에는 중요한 특징이 하나 있는데, 그것은 술의 주성분인 알코올이 있어야만 식초를 만들 수 있다는 점이다. 이는 술이 있으면 식초는 언제든지 만들 수 있다는 말과 같다. 술을 공기 중에 노출시켜 산소를 공급하고 초산균을 추가로 넣어 주면 초산균이 알코올을 재료로 하여 초산, 즉 식초를 만들어 내는 것이다. 옛말에 "뚜껑을 닫으면 술이 되고 뚜껑을 열면 식초가 된다."라는 말이 있는데, 이래서 존재하는 것이다.

향초와 흑초가 쌀로 만들어지는 것을 보았을 때 한국 역시 쌀로 식초를 만들었을 것이라 짐작된다. 조선시대에 가양주 문화를 가지고 있었고, 전국 방방곡곡에 주막이 운영되고 있었다. 이것은 쌀을 이용한 다양한 술을 즐기고 있었다는 것을 보여 준다. 이렇게 술을 쉽게 만들어 먹던 조상들이 식초 발효를 못했다고는 생각되지 않는다. 집집마다 가양주를 만들어 먹은 것처럼 어쩌면 본인들만의 식초를 만들어 사용했을지도 모른다. 그런데 우리는 한국 전통 식초의 본래 모습에 대해 잘 모른다. 이것은 우리 전통 식초의 맥이 어느 순간 끊어졌음을 의미한다고 볼 수 있다.

한국 전통 식초의 맥은 일제의 쌀 수탈정책에 의해 끊어졌을 가능성이 매우 높다. 우리 조상들이 식용으로 먹을 쌀마저 다 빼앗아 갔던 서슬 퍼런 시기 동안 쌀을 이용한 술 발효는 당연히 불가능했을 것이고, 술을 만들 수 없으니 당연히 식초도 만들 수 없었을 것이다. 식초를 만들려면 우선 막걸리 같은 술이 있어야 하는데, 이것을 주세법이라는 이름으로 막고 있으니 식초를 만들려는 생각조차 할 수 없었을 것이다. 일제는 술을 만들어 먹을 수 없는 우리에게 대체품으로 희석식 소주를 먹게 하였는데, 그렇다면 없어진 식초는 무엇으로 대체되었을까?

그것의 정체는 바로 빙초산이다. 빙초산은 초산(Acetic Acid, 아세트산)을 말한다. 초산의 농도가 옅을 때는 문제가 없으나 농축되어 농도가 짙어지면 날씨 변화에 의해 낮은 기온에서 얼음 같은 결정이 생겨 굳는데, 얼음처럼 얼어버린다 하여 빙초산이라 부르게 되었다. 빙초산은 발효에 의해 생성되는 것이 아니라 화학적 합성을 통해 만들어진다. 제2차 세계대전을 준비하던 일본은 전쟁물자를 만들기 위해 화학반응에 필요한 빙초산을 만들었고, 이것을 우리나라 사람들에게 식용으로 공급했던 것이다.

그러나 빙초산은 강력한 산성물질로 영양성분이 거의 없고 유해물질(중금속, 비소 등) 함유 가능성이 있어 적절히 희석하여 사용하지 않

| 실험용 빙초산(좌)과 식용 빙초산(우)

으면 인체와 환경에 심각한 피해를 줄 수 있는 물질이다. 지금은 화학 공장의 합성률과 정제기술이 고도화되어 몸에 해로운 물질이 빙초산에 혼합되지는 않겠지만, 과거의 공장설비는 지금보다 당연히 낙후되어 있었기에 그 시절 지속적으로 체내에 공급·축적되면서 만성 중독에 노출되어 있었다. 현대에 와서는 일반 가정에서 거의 사용하지 않고 일부 가공식품에 제한적으로 쓰이고 있는 추세이다.

발효의 화룡점정, 쌀 식초

쌀 식초를 만드는 것은 발효의 꽃이며 발효 중 최고 난도라 할 수 있다. 그 이유는 쌀로 식초를 만드는 과정을 살펴보면 바로 알 수 있다.

쌀로 누룩을 만들 때 누룩곰팡이를 사용하여 발효를 진행하고, 누룩으로 막걸리 같은 술을 만들 때는 효모를 이용하여 알코올 발효를 진행

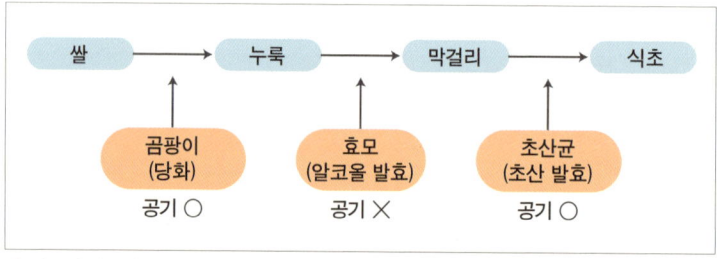

| 식초의 발효과정

한다. 마지막으로 알코올로 초산을 만들 때는 초산균을 이용하여 초산 발효를 진행한다. 결국 쌀 식초를 만들기 위해서는 곰팡이, 효모, 세균 등의 미생물을 각 단계마다 따로따로 사용하는데, 전혀 다른 특성의 미생물을 세 종류나 사용하는 고난도 기술이기에 쌀 식초를 만드는 것을 발효의 꽃이라 할 수 있는 것이다. 쌀 식초는 숙성 기간도 매우 중요하다. 대량으로 만들어지는 발효식품의 경우 대부분 6개월 이내에 숙성을 마치고 판매하지만 전통방식의 쌀 식초는 최소 2년 이상 숙성을 해야 알코올 발효 중에 생긴 이취와 알코올 성분이 사라지고 쌀 식초 본연의 맛이 생긴다. 따라서 오래 숙성된 쌀 식초는 오래된 위스키와 와인에 뒤지지 않을 명품 발효식품이라 할 수 있다. 1990년대 쌀을 이용한 술 생산이 허가된 이후 다양한 막걸리와 우리 전통 술이 생겨나면서 가양주 문화가 조금씩 맥을 이을 수 있게 되었고, 2010년 이후 과일주로 만든 천연 식초에 대한 관심이 높아지면서 감식초와 사과식초가 시판되기 시작하였다.

| 사과식초

| 감식초

최근 필자의 오랜 지인이 운영하는 양초장에서 10년 숙성된 쌀 식초가 완성되었다는 소식을 전해 들었다. 10년이라는 긴 시간 동안 인내와 고난의 반복되는 과정 속에서 탄생한 식초였다. 이처럼 명품 발효식품은 오랜 숙성기간을 보내지 않으면 절대 만들어질 수 없기에 그때나 지금이나 오래 숙성된 전통방식의 쌀 식초를 만나는 일은 매우 드물다.

우리 쌀을 소비할 때 밥 한 그릇을 먹는 것도 좋지만 우리 쌀로 만든 우리 술과 식초를 먹는 것도 좋은 방법 중 하나다. 100여 년 전 쌀 수탈정책 속에서 우리 민족의 밥상을 침범한 빙초산은 지금도 우리 식탁 위 공간을 공유하고 있지만, 앞으로는 제대로 된 쌀을 이용한 전통 발효식품으로 빙초산이 차지한 자리를 대신해 나가는 것은 어떨지 생각해 본다.

에피소드

어느 날 10년 숙성된 쌀 식초가 있는 양초장을 찾게 되었다.

서울에서 대기업 이사까지 지냈던 친한 형이 어느날 갑자기 고향으로 초 치러 간다면서 내려가 버린 그곳이었다. 형은 첫 해 현미식초를 몇십 개의 항아리에 담아 1년, 2년 숙성해 나갔다. 매년 새 항아리를 사서 새로 식초를 담그고, 담근 식초를 항아리에 담아 숙성하기를 15년. 이제는 몇백 개인지 셀 수도 없는 많은 항아리 속에서 현미식초가 숙성되고 있었다. 정말이지 형의 고집과 집념의 시간이 만들어 낸 장관이었다.

우리나라에서는 거의 찾아보기 힘들 정도로 기계의 도움 없이 손으로 발효시킨 현미식초로 최근 한국의 발효 현미식초의 기준을 마련하는 한국식품연구소의 연구재료로 사용되었다고 한다. 항아리 속에서 오랜 시간 숙성을 거친 현미식초의 화학성분 변화를 분석하고 기준을 마련하는 연구였으며, 10년 가까이 한 양초장에서만 숙성시킨 현미식초를 구하는 것이 매우 힘들었다는 연구 담당자의 이야기를 들을 수 있었다. 그만큼 발효의 과정은 인내와 기다림, 꾸준함이 필요한 고난의 길이라는 생각이 들었다.

| 인양양초장 발효장 전경

양초장에서 20일 된 초기 술 발효단계의 현미식초와 12년의 세월이 흘러 원숙해진 현미식초의 항아리 속 모습을 카메라에 담아 보았다. 인고의 시간만큼이나 식초의 색이 매우 진하다.

| 20일 된 식초(좌)와 12년 된 식초(우)

➕ 숙성 기간에 따른 현미식초의 색 변화

현미식초는 숙성기간과 관리방식에 따라 색 차이가 난다. 초산균이 알코올을 분해하도록 항아리의 뚜껑을 열어 산소를 공급한 후 다시 밀폐하는 작업을 여러 번 반복하는데, 이 과정에서 갈변현상이 일어나 색 변화가 일어나고 색 농도에 차이가 생긴다. 오래 숙성된 식초일수록 색이 더 짙어지는 이유이다.

| 3년, 5년, 8년 숙성된 현미식초(왼쪽부터)

식은 밥도 따뜻한 밥만큼 가치 있다

밥 따로 국 따로, 따로국밥

최근 세계적으로 K-푸드 열풍이 불고 있다. 불고기, 비빔밥, 김치, 갈비, 한우 등 우리가 익히 알고 있던 음식뿐 아니라 깜짝 놀랄 만한 한국 음식들이 K-푸드로 거론되기도 한다. 매실청을 비롯한 한국의 과일청을 소개한 유튜브 조회수가 1억 뷰를 넘어갔다는 뉴스도 들리고, 초코파이나 새우깡 같은 우리 과자에 대한 관심도 높아지고 있다. 〈케데헌(케이팝 데몬 헌터스)〉의 흥행과 더불어 김밥과 떡볶이의 인기도 폭발적이다. 최근에는 순대에 대한 관심도 높아지고 있다고 한다. 필자의 관점에서 보면 순대에 대한 외국인의 관심은 더욱 놀라운 일이 아닐 수 없다. 그 이유는 순대가 한국음식 중에서도 과거 외국인들 사이에서 가장 진입장벽이 높은, 즉 먹기 힘든 음식의 하나로 꼽혔기 때문이다. 특히, 피순대는 우리나라 사람들도 호불호가 갈리고 돼지 간과 허파 같은 내장이 주는 거부감과 순대 특유의 모양에서 오는 이질감 등으로 기피하는 이들도 있는데, 그런 순대가 이제는 외국인들이 도전하는 한국 식품으로 자리매김하고 있는 것이다. 이런 흐름 속에서 세계인들에게 관심을 받고 있는 또 하나의 우리 음식이 있으니 바로 한국인의 소울(Soul) 푸드인 '국밥'이다.

한국에는 다양한 국밥이 존재한다. 일상 속에서 만날 수 있는 국밥으로는 순대국밥부터 콩나물국밥, 해장국, 선짓국, 돼지국밥, 소머리국밥 등이 있다. 대부분 돼지와 소의 비싸지 않은 부위를 이용하여 뜨끈하게 한 그릇 끓여 내어 서민들의 한 끼를 든든하게 책임져 주는 음식이다. 필자 역시 국밥을 정말 좋아하는 한 사람으로 국밥 맛집 하나를 독자들에게 소개하고자 한다.

광주광역시 송정매일시장, 시민국밥

시민국밥은 광주 송정매일시장 내의 국밥거리에서 만날 수 있는 허름한 국밥집 중 하나다. 이 식당의 국밥이 가장 맛있다, 정말 맛있다는 극찬을 하려는 것이 아니라 우리 전통국밥의 형태를 잘 볼 수 있는 곳이라 소개하려는 것이다. 사실 맛도 기가 막히긴 하다. 왠지 모르게 이 국밥거리에 있는 모든 식당의 음식은 분위기 만으로도 전부 다 기가 막히게 맛있을 것 같다.

| 시민국밥 메뉴판

위 메뉴판을 보면 머리국밥, 내장국밥, 순대국밥 등 들어가는 재료에 따라 다양한 메뉴들이 존재하는데, 메뉴판 아래쪽을 보면 재료 이름이 아닌 따로국밥이라는 메뉴가 있다. 나무위키에서는 따로국밥의 정의를 다음과 같이 설명한다.

> 국밥의 일종으로 대구광역시 향토음식의 하나다.
> 대구에서 소고기국밥 혹은 육개장이라 하면
> 대개 이 대구식 따로국밥을 가리킨다.

국과 밥을 한 그릇에 담아 주는 국밥과는 달리 따로국밥은 국물과 밥을 따로 담아서 내어 주는 형태를 지칭한다. 왜 이런 따로국밥이 생겼는지는 정확히 알 수 없으나 그릇 하나에 국과 밥이 한꺼번에 담기는 것을 천박하게 여긴 양반들을 위해 만들어졌다는 이야기도 있고, 국 밑에 밥을 담아 주면 밥이 얼마나 들어 있는지 모르기 때문에 국밥집 주인들이 밥의 양을 속일 수 있다 생각한 소비자들이 따로 내어 달라고 해서 만들어졌다는 이야기도 있다. 또 그릇에 밥을 담고 국물을 부으면 국물의 양이 상대적으로 적게 담기기 때문에 밥을 따로 내고, 그 빈 공간만큼 더 많은 국물을 담아 양을 많이 제공하기 위한 방법이었다는 추측도 있다. 종합해 보면 일단 따로국밥은 국물의 양을 많게 하기 위한 방법이라 생각할 수 있는데, 그래서인지 따로국밥은 양이 많은 만큼 보통의 국밥에 비해 조금 더 비싸게 팔리는 경우가 많았다.

최근에는 국밥을 시키면 형식상 밥을 공깃밥으로 주는 따로국밥의 형태가 대부분이어서 그런지 전통국밥에 사용되는 '토렴'이라는 조리법을 모르는 사람들이 많다. 토렴이라 함은 국밥 그릇에 밥을 미리 담아 두어 밥의 온기를 한숨 빼거나 열기를 식힌 후에 뜨거운 국물을 붓고 따라 내기를 반복하여 밥알을 골고루 데우는 과정을 말한다. 이 과정 중 밥이 데워지는 만큼 국물은 식는데, 이처럼 토렴을 하여 밥을 데우면 밥알이 퍼지지 않고 탱탱한 느낌을 유지하면서 국물의 맛이 밥알에 잘 배게 된다. 일반적으로 토렴은 3~4회 정도 반복하며, 국물을 부

| 일반국밥

| 따로국밥

었다 따르는 횟수에 따라 밥의 식감과 국밥의 온도, 맛이 미묘하게 달라진다. 그래서 시장이나 전통국밥집에서 말아 주는 국밥을 먹으면 밥알이 알알이 살아 있는 것에 비해 따로 따로 제공된 뜨거운 공깃밥을 국물에 말아 먹으면 밥알이 살짝 퍼지는 느낌을 받게 되는데, 이건 어쩌면 당연한 결과이다.

쌀과 밥의 변화 : 호화와 노화

그 이유를 식품 화학적으로 설명해 보면 다음과 같다. 엄밀히 말하면 쌀과 밥은 다른 존재라 할 수 있다. 쌀은 단단하고 조밀하며 결정성을 가진 존재인데, 밥 짓기를 통해 물렁하고 팽창하여 결정성이 없는 존재로 변한다. 쌀과 밥은 구조적 차이 때문에 사람이 먹었을 때 소화가 잘 되냐 잘 되지 않느냐 하는 차이를 가진다. 조밀한 결정성을 가진 쌀을 먹으면 소화기관 내에서 분해가 잘 되지 않고 변으로 그대로 배설된다. 결국 먹어도 소화가 되지 않으므로 먹지 않은 것과 같다. 반대로 팽창되어 결정성이 없는 밥은 소화효소와 쉽게 반응하여 전분이 포도당으로 분해되고 이후 소장에서 흡수된다. 이런 이유로 우리는 생쌀을 그냥 씹어 먹지 않고, 소화가 잘 되도록 밥을 지어 먹는 것이다.

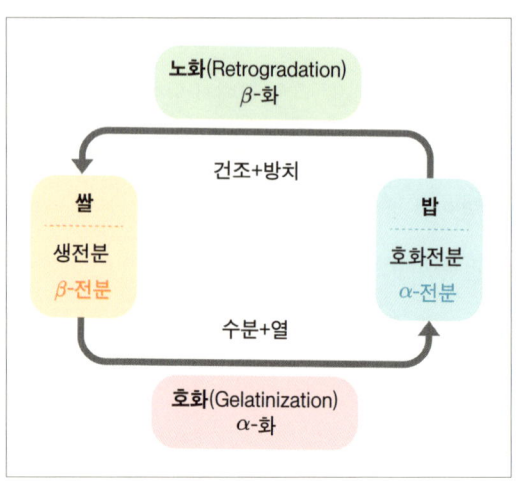

| 전분의 호화 및 노화

 식품 화학적으로 쌀을 밥으로 만드는 과정을 '호화'라 한다. 밥은 시간이 흐르거나 냉각 또는 건조 등의 여러 과정을 통해 다시 쌀과 같이 단단하고 조밀하며 결정성이 있는 형태로 돌아가는데, 이 과정을 '노화'라 한다.

따뜻한 밥만큼 몸에 좋은 찬밥

 밥과 관련된 이야기 중에서 "다이어트를 하려면 찬밥을 먹는 것이 좋다."라는 말을 들어본 적이 있을 것이다. 일명 '찬밥 다이어트'라고 부르는 것인데, 전문가적 입장에서 찬밥 다이어트는 효과가 있다고 본다. 앞에서 설명한 것처럼 쌀로 밥을 만들면 호화가 진행되어 소화가 잘 되는 상태가 된다. 그런데 이 밥을 식혀 찬밥을 만들면 밥알의 표면부터 노화가 진행되어 다시 쌀과 비슷한 상태로 돌아가게 된다. 소화가 잘 되지 않는 상태로 원상 복귀되는 것이다. 한 공기의 동일한 양의 밥을 섭취한다고 가정할 경우, 찬밥을 먹은 후에 느끼는 포만감은 따뜻한 밥을 먹은 것과 똑같지만 소화 후 소장에서 흡수가 덜 되기 때문에, 즉 소화흡수율이 낮기 때문에 결국 찬밥 다이어트는 밥을 몇 숟가락 덜어 내고 먹는 효과가 있다. 다이어트를 할 때 가장 고통스러운 것이 포만감을 느끼지 못하도록 적게 먹는 것인데, 찬밥 다이어트는 포만감을 주면서도 소화흡수율 감소에 집중한 다이어트 방법이라 할 수 있다.

> **아! 나 찬밥 신세구나!**

여기서 말하는 찬밥에는 '필요 없는 존재', '무능한 존재', '쓸 데 없는 사람'이라는 부정적인 의미가 들어 있다. 찬밥 다이어트를 하는 이들이 찬밥을 먹다 보면 간혹 본인이 찬밥 신세인 것 같은 기분이 들 때가 있다고 한다. 이때 토렴이 기분을 풀어 주는 좋은 해결책이 될 수 있다. 찬밥에 뜨거운 국물을 부어 토렴하여 밥알을 따뜻하게 데워 먹으면 찬밥이 아니라 따뜻한 밥을 섭취할 수 있다. 이 경우 찬밥의 다이어트 효과가 없어지는 것이 아닌가 걱정하는 분들도 있겠지만, 토렴의 온도와 시간으로는 노화된 찬밥이 다시 소화가 잘 되는 호화 형태로 돌아가지 않기 때문에 찬밥 다이어트의 효과는 그대로 나타난다. 찬밥을 먹는다고 해서 찬밥 신세가 아니라 반대로 영양가 있고 다이어트에 도움 되는 가치 있는 밥을 먹는다는 긍정적인 의미로 생각할 수 있는 것이다.

밥을 짓는 것은 100℃ 이상의 끓는 물에서 오랜 시간 쌀을 두었을 때 쌀 속으로 과량의 수분과 에너지가 공급되는 과정이다. 이 에너지에 의해 쌀의 결정성이 파괴되고 소화가 잘 되는 밥이 되는 것이다. 그런데 토렴과 전자레인지에 의해 공급되는 열에너지는 노화에 의해 다시 생긴 결정을 100% 호화형으로 되돌리기에는 부족하다. 찬밥 다이어트를 할 때 토렴이 너무 번거롭고 어렵다 생각되면 전자레인지를 잘 사용해 보는 것도 좋다.

언제부턴가 가정에서는 보온밥솥에 밥을 담아 두고, 식당에서는 보온기에 공깃밥을 넣어 두게 되면서 찬밥과 같은 꼬들꼬들한 결정형 밥이 사라지고 말랑말랑하고 따뜻한 비결정형 밥이 일반화되었다. 이에 따라 우리의 입맛도 말랑말랑한 밥을 선호하는 것으로 변하게 되었고 찬밥은 일부러 의도하지 않고는 찾지 않게 되었다.

가끔은 식은 밥이 먹고 싶다.

현미만 최고?
현미, 백미 모두 최고!

곡물 껍질의 중요성

벼, 밀, 보리, 귀리, 기장, 좁쌀 등 흔히 곡물이라고 부르는 식재료에는 공통점이 있다. 그것은 전분으로 구성된 배유층과 그것을 보호하는 껍질층이 존재한다는 것이다. 식물에게 있어 곡물은 씨앗이다. 씨앗은 조건이 맞으면 싹을 내고 성장하는데, 뿌리를 내리고 자라 잎이 나오기 전까지는 광합성을 통해 필요한 에너지를 만들 수 없다. 이때 새싹은 곡류 속에 있는 전분을 분해하고 포도당으로 만들어 에너지원으로 사용하며 생명 현상을 유지한다. 사람의 경우 곡류의 전분을 우리 몸속에 흡수시켜 에너지원으로 사용하는 것이 곡물을 주식으로 섭취하는 주목적인데, 곡류의 껍질이 전분의 흡수를 방해하는 역할을 한다. 곡류의 껍질은 대부분 식이섬유와 비슷한 구조의 물질로 구성되어 있다. 수분이나 벌레 등의 공격에서 배유를 보호하는 역할을 하며, 섭취 시 소화효소와 반응하지 않아 소화 분해가 잘 일어나지 않는다. 이런 이유에서 껍질층이 남아 있는 곡류를 먹으면 껍질의 방어 때문에 입 안에서 일어나는 저작 운동 중에 밥이 침과 잘 섞이지 않게 된다. 그 결과 밥이 부드럽게 퍼지지 않고 껍질의 까칠까칠함이 그대로 느껴져 밥으로서의 기호성이 떨어지며, 장 속에서도 효소와의 반응이 잘 일어나지 않고 소화도 잘 되지 않아 변으로 그대로 배출된다. 즉, 소화흡수율이 크게 떨어진다.

그렇다면 곡류의 껍질에는 장점이 없을까? 그건 아니다. 요즘 다양한 TV 건강 프로그램에서 과일, 채소 등의 껍질에 영양성분이 많다고 강조하며 "껍질까지 먹어라.", "껍질까지 갈아서 먹어라." 등의 정보를 많이 전달하고 있다. 이것은 식품 영양학적으로 옳은 정보다. 껍질은 식물에게 있어 보호막 역할을 하기 때문에 특이한 영양성분을 많이 가지고 있다. 햇빛, 열, 습도 등에 저항하기 위해 폴리페놀, 파이토케미컬 등 다양한 자가보호 성분을 가지고 있고 비타민과 무기질도 함유되어 있으며, 지질과 왁스 등의 성분들도 함유되어 있다. 대표적 생리활성물질인 토마토의 라이코펜, 양파의 퀘르세틴, 사과와 포도의 안토시아닌, 레몬의 베타카로틴 등이 주로 껍질에 들어 있다. 곡물의 경우 껍질층의 유무는 저장성에 큰 영향을 미치기 때문에 곡물을 저장할 때에는 껍질층을 유지하고, 식용하기 직전에 껍질층을 제거하는 것이 가장 좋은 방법이다. 이렇듯 곡물의 껍질층은 식용으로서의 이점은 없지만 저장 면에서 중요한 역할을 한다.

현미를 계속 깎으면 백미가 된다

벼의 경우 껍질층을 제거하면 식용이 가능하다. 일단 벼의 껍질층은 크게 두 층으로 분류된다. 낟알의 가장 바깥에는 왕겨층이 존재하는데, 이것은 식용으로 사용할 수 없다. 1980년대 추운 겨울, 학교 교실 난로를 태우던 왕겨탄이란 것이 있었다. 이는 추수 후 도정 과정에서 나온 왕겨를 뭉쳐서 만든 땔감이다. 벼의 낟알에서 왕겨만 제거한 쌀을 '현미'라 부른다. 현미의 외부에는 겨층이라는 껍질층이 한 층 더 있는데, 이 겨층을 제거하면 백미를 만들 수 있다. 이때 갈려 나온 겨를 모은 것을 쌀겨라 한다. 쌀겨에는 영양성분이 풍부하여 영양소의 공급처, 생리활성물질 등 다양한 방면에서 연구자료로 활용되고 있다.

현미의 겨층을 제거하는 과정을 도정이라 하며, 도정의 정도에 따라 5분도미, 7분도미, 9분도미로 구분한다. 앞의 숫자가 커질수록 겨층을 많이 제거하여 더 많이 정제된 백미를 말한다. 5분도미는 쌀에 붙어 있는 배아(씨눈)가 50% 제거된 쌀을 말하고, 9분도미는 배아가 90% 제거된

| 왕겨

| 쌀겨

|5분도미|

|7분도미|

|9분도미|

쌀을 말한다. 12분도미도 있는데, 정의적으로 설명하면 쌀에 붙어 있는 배아의 120%를 제거했다는 것이니 배아를 다 제거하고도 더 깎아 낸 순수한 배유, 즉 전분 덩어리인 백미를 지칭한다고 할 수 있다. 12분도미는 식용으로 사용하지 않고 청주 등 쌀을 이용한 발효에 주로 사용한다.

[도정도에 따른 쌀의 영양소별 소화흡수율]

(단위 : %)

도정도	단백질	지질	탄수화물
백미밥	88.66	91.61	99.66
7분도미밥	80.54	84.97	99.21
5분도미밥	78.22	80.98	99.20
현미밥	69.19	74.09	97.09

2000년 이후 비만, 당뇨, 고혈압, 고지혈증 환자가 많아지면서 질병의 원인, 증상, 치료방법 등에 대한 관심이 매우 높아졌다. 1990년대에 대학을 다녔던 필자의 기억 속에 당뇨에 대한 강의를 들은 적은 없던 것 같다. 그만큼 30년 전만 해도 우리나라는 당뇨병이 큰 문제가 되는 나라가 아니었다. 2005년경에 〈생로병사의 비밀〉이라는 TV 프로그램에서 당뇨의 정의와 증상 및 그 원인에 대한 정보가 소개되었고, 필자도 그 프로그램을 통해 인슐린 저항성이라는 개념 자체를 처음 알게 된

것으로 기억한다. 밥, 빵, 떡이 당뇨의 주원인이며 이를 피해야 당뇨의 발생을 막을 수 있다는 이론이 널리 퍼지게 된 것은 2010년 이후인 듯하다. 현재는 국민의 과반수가 당뇨와 당뇨 전단계라고 하니, 고작 30년도 지나지 않은 기간 동안 당뇨가 우리나라에 전염병처럼 퍼졌다고 할 수 있을 것이다. 당뇨의 유행 속에서 TV에서는 지금도 여전히 흰쌀밥과 현미밥에 대한 다양한 건강정보가 홍수처럼 흘러넘치고 있다.

먹는 대상에 따른 쌀밥의 변신

"현미의 영양가가 백미보다 좋다."라는 말이 있다. 옳은 말이다. 쌀의 구조 중 배아와 겨층에는 상대적으로 중요한 영양소가 많이 함유되어 있다. 배유는 전분이 주성분이고, 배아와 겨층에는 단

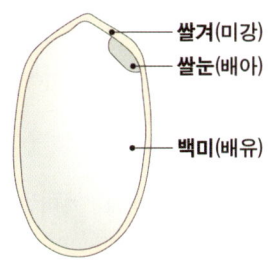

백질, 지질, 비타민 등의 성분이 많이 함유되어 있다. 현미는 겨층을 가지고 있어 소화를 방해하기 때문에 백미보다 소화흡수율이 떨어진다. 즉, 현미 자체가 갖고 있는 영양소는 백미보다 풍부하지만, 겨층 때문에 우리 몸속에서 소화흡수되는 비율은 오히려 백미보다 떨어진다. 이 때문에 현미를 먹으면 백미보다 더 빨리 배가 꺼지고 허기를 느끼는 것이다. 현미의 겨층에는 식이섬유가 많다. 우리 몸의 소화기관은 몸속

에서 식이섬유가 전혀 소화되지 않는다는 것을 이미 알고 있기 때문에 다량의 식이섬유가 들어오면 장의 연동운동을 빠르게 하여 소화시간을 단축시킨다. 이 경우 소화효소와 반응하는 시간과 소화기관과의 접촉 시간이 줄어 소화흡수율이 떨어지게 된다. 이런 특성 덕분에 현미는 다이어트에 아주 좋은 식재료가 된다. 다이어트를 할 때 식사량을 줄여 발생하는 배고픔은 다이어터들에게 가장 큰 고통이다. 이때 현미밥은 먹는 식사량을 줄이지 않고 평소에 먹던 양을 먹어도 다이어트 효과가 나타나도록 도와 준다.

사실 다이어트는 현대 사회인이라면 대부분 관심을 갖고 있는 주제이며, 현미는 관심 식재료 중 하나이다. 그렇다면 현대사회를 살고 있는 모든 사람에게 다이어트가 꼭 필요한 것일까? 절대 아니다. 우리는 현미밥을 먹을 때 뭔지 모를 부족함을 느끼는데, 이것을 채워 주는 것이 바로 백미이다. 백미는 대표적으로 두 세대의 사람들에게 꼭 필요하다. 첫 번째 대상은 성장기 아이들이다. 성장기 아이들은 소화기관이 덜 발달하고 미성숙하여 소화흡수의 처리능력이 부족한 반면에, 성장을 위한 에너지원과 영양소의 공급량은 성인 못지않게 필요하다. 즉, 이들에게는 소화흡수가 잘 되는 식재료를 소량씩 효율적으로 꾸준히 공급해 주는 것이 가장 이상적인 영양 공급방법이다. 그런데 이런 성장기 아이들에게 현미를 준다면 충분한 양의 에너지원을 공급하지 못하여 성장이 더뎌질 수 있다. 따라서 에너지원이 많이 필요한 성장기의 아이들에게는 다른 것보다 소화흡수가 잘 되는 흰쌀밥과 함께 골고루 적정량의 식사를 제공하는 것을 권장한다.

두 번째 대상은 노인들이다. 노령기는 소화기능이 현저히 떨어지는 시기이다. 치아와 잇몸이 나빠져 저작운동에 의한 물리적 소화력도 떨어지고, 장 속 소화효소의 분비 저하로 화학적 소화력도 떨어진다. 이런 경우에는 현미보다 백미를 먹는 것이 적합하다. 백미는 겨층을 제거하여 딱딱하지 않으므로 많이 씹지 않아도 소화가 쉽고, 소화효소와의 접촉도 수월하여 소화흡수가 잘 되기 때문이다.

"한국인은 쌀밥을 먹어야 한다."라는 말이 있는데, 이 말은 쌀밥이 한국인에게 다양한 장점들을 보여 주고 있기 때문에 나온 말이라 생각된다. 식품 전문가로서 필자가 생각하는 쌀밥의 장점은 바로 '적용성'이다. 다이어트를 위해서는 현미밥, 일반적으로는 백미밥, 소화가 잘 되지 않을 때는 진밥, 아프거나 입맛이 없을 때는 쌀죽, 식중독에 걸렸거나 전날 과음으로 속이 좋지 않고 숙취가 심할 때는 쌀미음 등 쌀의 종류와 조리법에 따라 다양한 '영양적 식이요법'을 적용할 수 있다. 이는 밀, 보리, 옥수수 등이 식재료로는 적용하기 쉽지 않다. 쌀의 영양학적 특성을 조금만 이해한다면 더 많은 방법으로 쌀밥을 활용할 수 있을 것이다.

오늘따라 유독 엄마의 쌀밥이 그리워진다.

밥, 빵, 떡

지금은 설탕 중독과의 전쟁 중

2025년 현재, 대한민국에는 비만과 그로 인해 발생하는 '3고(高) 질병'인 고지혈, 고혈압, 고혈당(당뇨)이 국민병으로 들불처럼 퍼지고 있다. 특히, 당뇨(糖尿)는 반드시 국가적 대책이 필요한 질병이 되었다. 일반적으로 당뇨는 단맛이 나는 소변을 보는 병이라 하여 이름지어졌으며, 실제로 과거에는 소변의 맛을 보고 당뇨를 진단했다는 이야기도 있다. 탄수화물을 섭취하면 소화흡수 과정을 통해 포도당이 혈액 중에 녹아 움직이는데, 이를 혈당이라 한다. 식사 후에는 이 혈당이 자연스럽게 상승하고, 일정 농도가 넘어가면 인슐린이 분비되어 혈당을 낮춘다. 즉, 혈당의 상승과 감소는 자연스러운 신체의 조절과정 중 하나이다. 하지만 이 조절과정에 이상이 생겨 혈당이 계속 높은 상태로 유지되고 감소하지 않아 소변으로 당이 유출되는데, 이것이 바로 당뇨이다. 결국 당뇨는 혈당

조절이 잘 되지 않아 생기는 질병이라고 할 수 있겠다.

　우리나라뿐만 아니라 전 세계적으로도 당뇨를 막기 위한 노력은 계속되고 있다. 몇 년 전 외국 방송에서 '소다세'를 부과하겠다는 뉴스가 보도되었다. 소다세는 일명 '설탕세'라 불리는데, 설탕세는 말 그대로 설탕에 추가적인 특별세를 부과하는 것을 말한다. 명칭만 봤을 때는 설탕세를 설탕에만 더 많은 세금을 부과하는 것으로 오해할 수 있지만 실제로는 설탕 자체에 부과하는 것이 아니라 설탕을 사용하는 식품 중 과잉섭취로 인해 국민의 건강에 나쁜 영향을 줄 수 있는 식품에 대해 추가로 특별세를 부과하는 것이다. 대상식품 중 대표적인 것이 바로 탄산음료, 즉 소다(Soda)여서 소다세라 명명한 것이다.

[1년간 1인당 설탕류 공급량(한국은 2023년, 나머지는 2022년 통계)]　(단위 : kg)

한국	일본	중국	미국	영국	독일	호주	멕시코
22.8	28.5	9.5	67.2	43.8	50.0	102.6	40.9

　서양의 경우 설탕류 섭취량은 상상을 초월한다. 위의 표는 대한민국의 식품수급표(2023년)에 공개된 주요 국가의 1년간 1인당 설탕류 공급량을 나타낸 것이다. 표를 보면 서양 국가의 설탕류 공급량은 동아시아 3개국인 한국, 일본, 중국의 2배 가까이 된다. 우리나라와 비교하면 미국은 3배, 호주는 4.5배 정도이다. 이처럼 서양에서 유독 설탕류 섭취가 많은 이유는 식습관과 관계가 깊겠지만, 그중에서도 특히 설탕 고함량 탄산음료를 물처럼 마시는 것을 원인으로 볼 수 있다. 영화

〈슈퍼 사이즈 미〉는 2004년에 개봉한 다큐멘터리 영화이다. '한 달 동안 패스트푸드만 먹고 살면 몸이 어떻게 될까?'란 생각에서 착안하여 감독이 자신의 신체를 모르모트(실험용 쥐) 삼아 패스트푸드가 건강에 끼치는 영향을 생체실험한 다큐멘터리이다. 영화 속에서는 탄산음료를 하루 8L 마시는 남자와 4L 마시는 여자의 인터뷰 내용이 나오는데, 하루 8L면 일주일 동안 56L의 탄산음료를 마시는 것과 같으니, 탄산음료 중 10%만 설탕이라 가정을 해 봐도 일주일에 5.6kg의 설탕을 섭취하는 셈이다. 이렇게 과량의 설탕류를 섭취한다면 당연히 국민 대다수가 비만과 당뇨의 위협에 노출될 수밖에 없을 것이다.

설탕 때문에 생긴 밥, 빵, 떡을 향한 오해

설탕 섭취가 늘어나는 이유는 바로 중독성 때문이다. 설탕의 단맛은 혀와 뇌를 자극하고, 급격히 오르는 혈당은 몸의 기운을 빼서 나른함을 유발한다. 흡사 약간의 마약과도 같은 느낌이다. 시간이 지나 혈당이 내려가면 몸에는 금단 증상이 나타나고 우리 몸은 다시 단맛을 내는 음료나 음식의 공급을 원하게 되는데, 오히려 이전보다 더 많은 양을 원하게 된다. 이런 이유로 알코올 중독처럼 중독의 의미로 '설탕 중독'이라는 말이 생겨나게 되었다. 그런데 전 세계적으로 설탕 섭취를 제한하려는 정보가 우리나라에 전달되는 과정에서 약간의 오류가 발생한다.

| 설탕 　　　　　　　　　　| 설탕세 관련 뉴스 이미지

설탕은 영어로 Sugar라 표기하며, 탄수화물(Carbohydrate)에 포함된다. 탄수화물은 설탕처럼 소화과정 없이 바로 흡수되는 단당류와 전분처럼 소화과정을 거쳐야만 흡수되는 다당류, 소화가 잘 되지 않는 식이섬유 등으로 분류되며, 단당류, 다당류, 식이섬유는 소화의 유무와 가능 여부에 따라 체내에서 각각 전혀 다른 영양학적 과정을 거친다. 설탕 같은 단당류는 중독 증상이 심각하여 당뇨와의 연관성이 높지만, 전분 같은 다당류는 중독 증상이 거의 없고 당뇨와의 연관성도 낮다. 그런데 설탕을 단순히 탄수화물로 생각하여 설탕 중독을 탄수화물 중독으로 오해하게 되자 갑자기 다당류 탄수화물인 밥, 빵, 떡도 중독 증상을 일으키는 나쁜 식품으로 분류되는 누명을 쓰게 된 것이다. 결국 우리는 설탕이 주는 위험도가 밥, 빵, 떡에 비해 훨씬 높은 데도 불구하고 왠지 밥, 빵, 떡이 주는 위험도가 설탕과 비슷하다고 인식하게 되었고, 이러 이유로 밥, 빵, 떡은 당뇨병 진단을 받거나 당뇨 전단계인 사람들이 반드시 피해야 하는 나쁜 식품이라는 꼬리표를 받게 되었다.

| 밥　　　　　　　　| 빵　　　　　　　　| 떡

얼마 전 필자는 식당에서 당뇨 전단계 처방을 받았다는 사람이 김밥먹는 것마저 꺼려하는 것을 보았다. 당시 김밥 속은 단무지, 당근, 시금치 등 채소로 꽉 차 있었고 밥의 양도 적었다. 필자는 그 사람에게 다가가 김밥이 당뇨에 큰 문제가 없음을 자세히 설명한 후 걱정 말고 드셔도 된다는 말을 전했고, 그 후 그는 정말 밝게 웃으며 김밥을 어느 정도 섭취하였다. 그 모습을 보면서 밥, 빵, 떡의 누명은 꼭 벗겨져야 한다는 생각이 다시금 들었다. 전문가의 입장에서 보면 설탕류의 섭취는 피해야 하지만 밥, 빵, 떡의 섭취를 심각하게 피할 필요는 없다. 그 이유는 밥, 빵, 떡은 소화과정을 꼭 거쳐야 하는 다당류로 구성되어 있어 혈당 상승에 시간이 걸리고, 입속에서 단맛을 내는 정도가 작기 때문이다.

그래도 머릿속에 들어온 잘못된 정보를 한번에 지우기란 쉬운 일이 아니니, 막연한 설명보다는 좀 더 쉽고 정확하게 정보를 제공하고자 한다. 당뇨 환자나 당뇨 전단계인 사람들을 위해 밥에 대한 설명을 해보자면, 현미밥과 찬밥은 평소처럼 한 그릇씩 세 끼를 다 먹어도 큰 문제가 없다. 우리가 흔히 당뇨를 못 먹는 병으로 생각하는데, 실제로는 잘 먹어야 하는 병이다. 당뇨병에 걸리면 대부분 음식 양을 크게 줄여 체중 감량에 집중하는데, 이때 밥을 알맞게 먹어 주지 않으면 근육 손실이 급격하게 일어난다. 사실, 체중 감량은 근육이 아니라 체지방 감량이 목적이다. 하지만 대부분의 사람들은 수분이나 근육이 빠져서 체중이 줄어도 체중 감량에 성공했다고 생각한다. 당뇨 식단에서는 근육 손실을 막기 위해 몸속에서 사용되는 기본적인 에너지를 다당류 탄수화물을 통해 공급해야 한다.

그래서 밥을 먹어야 한다. 밥 중에서 소화율이 낮은 현미밥 그리고 저항전분이 적당량 생성된 찬밥은 양을 좀 여유 있게 섭취해도 큰 문제가 되지 않는다. 최근 개량을 통해 혈당 조절 기능을 담은 당뇨쌀도 큰 문제 없이 섭취가 가능하다. 일반적으로 밥 한 공기는 210g이고, 한 공기를 통해 300kcal의 에너지가 발생한다. 한 끼에 밥 한 공기씩 세 끼를 다 챙겨 먹어도 공급되는 열량은 900kcal밖에 되지 않는다. 이 열량은 체온유지와 심장 운동 그리고 적당한 활동을 통해 매일 태워서 소진할 수 있는 양이다. 당뇨에 좋다고 잡곡밥, 콩밥을 섭취하는 이들도 있는데, 이 경우도 큰 문제는 없다. 밥, 빵, 떡 중에 당뇨에 있어서는 밥이 가장 안전하다.

밥을 제외한 빵과 떡 중에 좀 더 안전한 것을 고르라 하면 떡을 선택할 수 있다. 그런데 여기서 한 가지 문제가 있다. 떡의 종류가 너무 많은 것이다. 찹쌀떡, 꿀떡, 절편, 약식, 가래떡 등 떡의 종류는 상상 이상으로 많다. 일단 당뇨 환자들은 단맛이 나는 떡을 섭취할 때 신경을 써야 한다. 떡에 들어가는 팥이나 소에는 설탕이나 꿀을 첨가하는 경우가 많은데, 이런 재료들은 혈당을 급격히 올리는 특성이 있다. 따라서 단맛의 떡은 많은 양의 섭취를 피하는 것이 좋고, 쌀을 주성분으로 만든 가래떡과 떡국 떡 등을 섭취하도록 한다. 가래떡은 1회 공급기준이 150g이며 열량은 밥 한 공기에 해당하는 300kcal인데, 밥에 비해 섭취량이 적으므로 밥만큼 자유롭게 먹을 수는 없을 것이다.

 마지막으로 빵은 밥, 빵, 떡 중 당뇨 환자들이 섭취함에 있어서 가장 주의가 필요한 식품이다. 우선 빵 역시 떡처럼 종류가 너무 다양하다. 설탕이 뿌려져 있거나 빵 자체가 너무 달거나 빵 속에 단 것이 들어 있는 경우, 도넛처럼 튀긴 경우 등은 섭취에 주의가 필요하다. 섭취량도 조심해야 하는데, 일반적으로 밥 한 공기에 해당하는 빵의 양은 110g 정도로, 식빵을 기준으로 하면 두 쪽에 해당하는 양이다. 다시 확인해 보면 밥 한 공기의 열량 300kcal에 해당하는 식빵의 양이 고작 두 조각인 것이다. 이것은 필자의 기준으로 정말이지 눈 깜짝할 새 먹어 치울 수 있는 양이다. 게다가 식빵은 퍽퍽한 식감 때문인지 그냥 먹기 쉽지 않아 잼이나 버터 등을 발라서 먹을 때가 많은데, 이 경우 밥과 비교하면 더 많은 칼로리를 섭취할 가능성이 높다. 이처럼 밥, 빵, 떡 중 당뇨 치료를 위한 제한적 칼로리 관리가 가장 어려운 주식은 빵이다.

필자는 탄수화물 중독이란 말을 설탕 중독 혹은 단맛 중독이라는 말로 수정해야 한다고 생각한다. 밥, 빵, 떡은 종류에 따라 단맛 중독의 범위에 엄선하여 포함시켜야 하며, 모두 중독이라는 말로 설명하다가는 오히려 건강에 더 악영향을 끼칠 수 있다. 이 중 쌀밥은 중독과 거리가 가장 먼 탄수화물이므로 우리 식탁에서 쌀밥을 지키는 것이 우리의 건강을 지키는 길임을 잊지 말아야 한다. 미국 듀크대학교에서는 70년 넘게 비만, 당뇨, 고지혈증과 같은 현대병 환자를 대상으로 쌀밥 중심의 동아시아 식단 다이어트와 건강관리를 진행하고 있으며, 이 프로그램에서 좋은 결과를 얻었다고 발표하였다. 우리에게는 오래전부터 우리 조상이 물려준 최고의 기능성 쌀밥 식단이 있다. 이 건강 식단이 사라지거나 퇴색되지 않도록 아껴 주고 지켜 주어야 한다.

| 쌀밥 중심의 건강한 상차림

해브 어 라이스 데이!

늘 밥을 걱정하는 한국인

'한국인은 밥심'으로 산다는 말이 있다. 밥심을 밥을 사랑하는 마음인 밥심(心)으로 해석하기도 하고, 밥을 먹고 힘을 낸다는 의미의 밥힘(力)을 변형시킨 말로 해석하기도 한다. 두 가지 모두 적절하며, 유머러스한 표현이라 생각된다. 그런데 바쁜 현대사회 속에서 간단하게 끼니를 해결하기 위해 빵이나 라면 등을 먹게 되면서 밀가루 소비가 늘어났고, 당연히 쌀 소비는 급격하게 줄어들었다. 이에 한동안 밥을 먹자는 의미를 전달하기 위한 캠페인의 일환으로 'Love 미(米) 운동'이 펼쳐졌고, 필자도 같은 마음으로 NBS(한국농업방송)의 〈해브 어 라이스 데이〉라는 프로그램에 출연하여 흰쌀밥의 긍정적 효과에 대한 방송을 하기도 했다.

| LOVE 미(米) 인증 쌀　　　　|〈해브 어 라이스 데이〉 프로그램 저자 방송 출연 장면

　실제 우리가 사용하는 다양한 말 속에는 밥심의 의미가 녹아 있는 것을 볼 수 있다. 일단 웃어른이 아랫사람들에게 하는 인사말 중에 "밥은 잘 챙겨 먹고 다니지?"라는 말이 있다. 조금 이해가 안 되는 말이기도 하다. 사람은 밥만 먹고 살 수 없다. 반찬도 먹고, 국도 먹고, 고기도 먹고 해야 하는데 왜 밥만 이야기하는 걸까? 그것은 한국인들이 주식인 쌀밥을 식사 행위와 동일하게 생각하기 때문이다. 영화 〈살인의 추억〉에서 배우 송강호가 등장하는 장면 중 유명한 대사가 있다.

> **밥은 먹고 다니냐?**

　이 말은 희대의 명대사로 분류되고 있다. 그렇게 잡고 싶었던 범인에게 형사가 마지막으로 하는 말 "밥은 먹고 다니냐?"가 과연 밥을 잘 챙겨 먹으라는 걱정의 말인지 아니면 밥 먹고 잘 살아 있으면 언젠가는 범인을 꼭 잡겠다는 의지를 밝힌 것인지 알 수 없었다. 실제로는 후자를 말하는 것이겠지만, "살아만 있어라. 내가 꼭 잡겠다."라는 말보다 훨씬 더 상징적이고 살벌한 느낌으로 다가왔다.

한민족, 끝없는 밥 사랑의 민족

한국인의 밥심을 알 수 있는 단어로 '논'이 있다. 논은 벼를 심고 키워 쌀을 수확하는 땅을 말한다. 우리 농작물을 가만히 살펴보면 감자는 밭에서, 옥수수도 밭에서, 참깨와 들깨마저도 밭에서, 하물며 배추와 무도 밭에서 키운다. 우리가 아는 대부분의 채소류는 밭에서 키워 낸다. 이처럼 밭은 다양한 작물을 키울 수 있고, 효율적인 재배가 가능한 땅이라 할 수 있다. 텃밭을 일구는 농부들은 봄에 한 작물의 씨를 뿌려서 추수하고, 빈 밭이 되면 다시 다른 작물의 씨를 뿌려서 추수하며, 겨울이 오기 전 마지막으로 김장용 배추나 무를 심는 것으로 1년 내내 밭농사를 한다. 그런데 논은 1년에 한 번밖에 벼를 키워 내지 못한다. 즉, 벼는 한반도에서 일모작밖에 하지 못하는 비효율적이고 비생산적인 작물이라 할 수 있다. 물론 벼를 추수한 후에 보리를 심기도 하지만 겨울철에는 경기도 정도만 되어도 너무 추워서 논은 그냥 비워 둔 채 휴식을 취하는 경우가 많다. 그럼에도 논농사에 집중하는 이유는 바로 밥심이 강해서가 아닌가 생각된다.

물론 밥심만으로 비효율적으로 농지 이용을 하면서 벼를 경작하는 것은 아닐 것이다. 곰곰히 생각해 보면 쌀이 가지고 있는 큰 장점 중의 하나는 바로 저장성이 좋다는 것이다. 밭에서 나오는 작물 중에 주식으로 사용되는 감자, 고구마 등은 냉장 보관을 하더라도 1~2년 동안 원 상태를 유지하면서 저장하기는 쉽지 않다. 하지만 쌀은 추수 후에 건조만 잘 하여 서늘한 창고에 넣어 두면 1~2년은 쉽게 저장할 수 있다. 비상사태를 위해 비축해 두는 비축 저장미의 경우 저장기간이 5년이라는 이야기를 들은 적이 있는데, 이는 그만큼 쌀의 저장성이 좋다는 것을 보여 주는 것이라 생각된다. 그런 의미에서 곳간 쌀통에 쌀이 가득 차 있으면 근심 걱정이 없어진다는 옛말이 그냥 나온 것은 아닌 것 같다.

　흔히 우리는 농사를 지을 수 있는 땅을 '논밭'이라고 부른다. 논밭은 순수 우리말로 밭보다 논이 앞에 선다. 논과 밭을 표현하는 한자는 무엇일까? 우선, 밭을 표현하는 한자는 누구나 알고 있는 '밭 전(田)' 자이다. 그렇다면 논을 표현하는 한자는 무엇일까? 중국에서는 '밭 전(田)' 자 앞에 '물 수(水)' 자를 붙여 '물을 넣어 둔 밭'이라는 의미인 '수전(水田)'으로 논을 표현한다. 그런데 우리 선조들은 이 수전이라는 표현이 마음에 들지 않았나 보다. 그래서 '논 답(畓)'이라는 우리만 사용하는 한자를 만들었고, 우리나라에서는 밭과 논 둘을 합쳐 '전답(田畓)'이라 부른다. 논을 부르는 한자까지도 독자적으로 만들어 사용한 민족이라면 분명 밥심이 강하다 볼 수 있지 않을까?

밀은 길을 만들고, 쌀은 마을을 만든다

쌀의 여러 가지 특성은 한국인의 민족성에도 큰 영향을 주었다. "밀은 길을 만들고, 쌀은 마을을 만든다."라는 농업과 관련된 말이 있다. 이 말은 밀과 쌀의 영양학적 차이를 명확하게 보여 준다. 밀과 쌀은 전 세계적으로 주식의 1, 2위를 다투는 주요 곡물이지만, 밀은 영양적으로 불균형한 상태의 곡물이다. 밀만 지속적으로 먹을 경우 영양적 불균형 상태가 되어 몸이 상할 수 있기 때문에 고기, 낙농제품, 생선류 등 다른 식재료를 함께 먹어야만 영양의 균형을 유지할 수 있다. 따라서 밀의 영양적 부족을 채워 줄 식재료의 공급을 위해 길을 만들고 다른 마을과 교류를 해야 했다. 밀을 주식으로 하는 유럽의 경우 오래전부터 정복전쟁을 많이 치르고 식민지를 다스렸는데, 밀을 주식으로 했기 때문에 이런 역사가 생기지 않았나 하는 생각이 든다.

반면에 쌀은 쌀만으로도 영양적으로 균형을 맞출 수 있기 때문에 외부와 교류를 통하지 않아도 건강을 유지하는 데 큰 문제가 없다. 한반도에 마을 중심, 공동체 중심의 문화가 만들어진 이유는 쌀을 주식으로 했기 때문이라 생각된다. 현 시점에 한민족을 이야기함에 있어서 역사적으로 강한 힘을 가지고 있음에도 불구하고, 외세를 침략하지 않고 식민지를 지배하지 않은 온순한 민족으로 평가받고 있는 이유도 쌀이 원인이지 않을까?

한국인의 밥심은 벼농사에도 나타난다. 세계적인 쌀 수출국 중 하나인 베트남은 기본 삼모작이 가능한 나라이다. 비도 많이 오고 습한 열대 기후 덕분에 벼는 매일매일 쑥쑥 자란다. 그에 비해 한국은 위도가 높고 사계절이 있는 기후여서 벼농사에는 그다지 적합하지 않다. 그럼에도 불구하고 우리나라는 벼를 키워 내기 위해 많은 연구와 노력을 했다.

일단 오래전부터 일정하게 물을 공급하기 위해 저수지와 관개수로 설비를 잘 갖추어 놓았다. 지금도 남부지역에는 과거에 조성된 크고 작은 저수지들이 많이 남아 있다. 이런 설비를 만들기 위해서는 많은 인력이 동원되어야 했고, 그에 따라 많은 사람들이 모여 사는 문명지가 일찍 발달되었을 것이라 예상된다. 구석기시대부터의 다양한 유물이 출토되고 있는 이유도 농업과의 연관성이 크다고 볼 수 있다. 이렇게 힘든데도 농사를 고집하는 이유는 역시 결국 밥심이 강해서라고 필자는 주장하고 싶다.

| 농업용 저수지(괴산 문광저수지)

88번의 땀과 수고가 담겨 있는 쌀

'팔십팔 번의 노력으로 만들어지는 쌀'이라는 말이 있다. 쌀에 대한 설명을 하는 데는 아주 적절한 표현이라 할 수 있다. 쌀을 한자로 쓰면 '米'이다. '쌀 미(米)' 자를 분해하면 '八十八'이 되는데, 쌀 한 톨이 만들어지기까지 농부의 손길이 88번 간다는 의미를 부여할 수 있다. 필자는 오래전 경기도 연천에 율무 재배를 확인하기 위해 간 일이 있었다. 지역 관계자는 산 밑에 자동차를 세우고 산 중턱을 손가락으로 가리키며, 저 산 중턱에 심어 놓은 것이 율무라고 알려 주었다. 올려다 보니 올라갈 길도 내려갈 길도 없는 그냥 야산이었다. 그곳에 율무를 심은 이유는 율무 값이 너무 싸서 신경을 안 써도 되기 때문이라고 했다. 율무는 봄철 산에 제초제를 뿌리고 파종한 후에 그냥 두었다가 가을철 산 중턱 아래에 심은 작물들을 다 추수하고 나서 추수하면 끝이다. 율무는 88번의 손길과는 거리가 먼, 너무나 수확이 쉬운 작물인 것이다. 이에 비해 쌀은 수확까지 88번의 손길이 갈 만큼 농부의 수고와 정성이 들어가며 그만큼 매우 가치 있고 소중한 작물이다. 최근에는 농업의 기계화로 인해 88번의 손길이 들어가지는 않지만 여전히 농부들의 수고는 계속 이어지고 있으며, 농림축산식품부는 이 의미를 담아 8월 18일을 '쌀의 날'로 지정하였다.

이 정도로 매우 귀한 존재이지만, 1990년부터 지금까지 약 35년간 식당에서는 '공기밥=1,000원'의 미스터리를 유지하고 있다. 쌀밥이 주는 의미는 한국인에게 단순히 한 끼의 음식이 아니라 삶의 중심, 마음의 고향, 가족의 온기 등을 한데 모은 우리의 삶을 지탱해 온 따뜻한 본향이라 할 수 있을 것이다.

정말로 밥이 보약이다

고봉밥이 머슴밥이라고?

2025년 지금 우리의 밥상은 과거에 비해 얼마나 변해 있을까? 일단 육류의 섭취량이 증가하여 고기 반찬의 비중이 늘었고, 과일 섭취량도 증가하였다. 그에 비해 채소의 섭취는 줄어들었고, 다이어트 때문에 극단적 소식을 하는 사람이 늘어났다. 이 외에도 여러 가지 변화가 있겠지만, 가장 큰 변화는 쌀밥의 섭취량이 크게 줄었다는 것이다. 회사 급식만 보더라도 과거 식판에 밥을 엄청 많이 쌓아 올려서 식사하던 사람들의 수는 점점 줄어들었고, 배식할 때 밥의 옆에 면이나 빵을 같이 준비하여 밥 대신 먹을 수 있도록 배려하는 경우가 많아졌다. 그런 이유로 밥을 산더미처럼 쌓아 올려서 먹을 필요도 없을 뿐 아니라, 그렇게 밥을 많이 담은 사람들을 이상하게 쳐다 보는 시선까지 생기게 되었다.

| 조선시대 밥상의 모습

위 사진은 우리의 100년 전 밥상이 어떤 모습이었는지를 잘 보여주고 있다. 대략 1800년대 후반이나 1900년대 초반에 촬영되었을 것으로 짐작되는 이 사진은 평범해 보이는 한 남성이 밥상을 받아 식사하는 모습을 담고 있다. 일단, 갓의 모양으로 보아 이 남성은 중인이라 추측된다. 상 위에는 국과 밥, 간단한 김치와 콩조림 반찬이 놓여 있다. 요즘에 비해 밥과 국의 양이 '저걸 혼자 다 먹었을까?' 하는 생각이 들 정도로 많다. 밥그릇의 크기와 밥의 양은 현재의 기준에서 보면 믿을 수 없을 정도이다. 3~4인 분량은 족히 될 듯하다. 그런데 잘 보면 밥을 제외하고는 다른 반찬류의 가짓수와 양이 매우 적다. 아무래도 밥을 통해 필요한 대부분의 영양소를 섭취하고, 밥으로는 부족한 식이섬유, 단백질, 소금 등을

반찬으로 보충하는 밥상으로 보인다. 그래서인지 요즘의 밥상에 비해 밥의 양이 유난히 더 많은 것 같다. 혹시 사진촬영을 위해 평소보다 좀 더 큰 그릇에 많은 양의 밥을 담게 한 것은 아닌지 살짝 의심해 본다.

필자는 100년 전보다 더 오래된 자료를 찾아보다 김홍도의 〈새참〉이라는 그림을 보게 되었다. 김홍도는 조선 후기의 천재 화가로 민속화를 많이 그린 화가이다. 당시 화가들은 눈에 보이는 장면을 사실적이고 빠르게 그려 내는 연습을 하였다. 물론 카메라가 등장한 후에는 이런 노력이 필요 없어졌지만 말이다. 그래서 그런지 김홍도의 그림에는 그 당

| 김홍도의 〈새참〉

시 일상의 모습이 잘 나타나 있다. 〈새참〉은 말 그대로 농사를 짓다가 중간에 새참을 먹는 모습을 그린 그림이다. 그림을 보면 남자들이 커다란 밥그릇을 하나씩 들고 무엇인가 먹고 있다. 혹자들은 밥그릇을 너무 과장스럽게 그렸다는 의심을 하고 있지만 당시 화가들의 습성을 보아 과장이 아니라 정말 밥그릇이 컸다고 생각되며, 일반 서민들의 집에 새참용 밥그릇이 따로 있지는 않았을 것으로 예상되기에 그림에서 볼 수 있는 밥그릇은 집에서 그냥 사용하는 밥그릇인 것 같다. 이 두 자료로 보아 필자의 의심과 상관없이 조선시대 밥그릇의 크기는 요즘 기준으로 3~4인분에 해당되는 크기였을 것으로 짐작된다. 또 〈새참〉 그림의 오른쪽에는 한 아이가 짙은 색의 옹기로 보이는 병을 들고 있는 모습이 보이는데, 이것은 탁주가 아닐까 생각된다. 우리나라의 근대화 시기부터 1980년대까지는 새참 때 탁주가 빠지지 않았는데, 아마 조선 후기에도 새참과 탁주는 뗄래야 뗄 수 없는 관계였나 보다.

밥그릇의 크기와 반찬 수는 반비례 관계

그렇다면 조선시대 모든 사람의 밥그릇 크기가 컸을까? 그건 아니었다. 일반적으로 밥그릇의 크기는 서민일수록 크고, 신분이 높을수록 작았던 것으로 보인다. 조선시대는 계급이 존재하던 사회였고, 같은 계급 안에서도 약간의 높고 낮음이 존재했다. 이런 조선시대의 계급을 알 수 있는

| 조선시대 임금의 수라상

것이 바로 '반상 문화'이다. 여기서 반상이란 계급을 의미하는 반상 제도가 아니라 가장 일반적인 상차림을 의미하는 밥상을 의미한다. 조선시대 상차림은 밥, 국, 김치, 장류, 찌개, 전골, 찜을 제외한 나머지 반찬의 가짓수에 따라 3첩 반상, 5첩 반상, 7첩 반상, 9첩 반상, 11첩 반상, 12첩 반상 등으로 구분되었다. 이 중 12첩 반상은 왕과 왕비만 받을 수 있는 반상이었다. 이렇게 반찬 수가 많아질수록 당연히 밥의 섭취량은 줄어들었을 것으로 추측된다.

지금은 조선시대처럼 계급사회도 아니고 반찬도 원하는 대로 맘껏 먹을 수 있는 세상이다. 필자는 2023년 여름 60첩 반상을 받아 식사한

적이 있는데, 반찬을 먹느라 밥이 있었는지 없었는지, 밥을 먹었는지 안 먹었는지 기억도 나지 않는다.

일반적인 고깃집만 가도 돼지갈비만 시켰는데, 상에 깔리는 기본 반찬이 10개 정도 되는 경우를 심심치 않게 볼 수 있다. 일본 출신 방송인 사유리 씨가 한국의 식문화에 대해 "한국은 365일 중 360일이 생일잔치예요."라고 말하는 걸 들은 적이 있다. 일본에서는 생일날이나 받을 만한 밥상을 한국인은 매일매일 받고 있다는 것을 간접적으로 이야기한 말이다. 이런 과식 밥상이 현재 한국인의 비만을 불러오는 것은 아닌가 생각된다.

| 60첩 반상

[1년간 1인당 식품공급량] (단위 : kg)

식품\연도	1997	2000	2003	2008	2013	2018	2023
곡류	170.6	166.8	150.3	145.3	138.2	136.9	136.0
쌀	105.5	97.9	87.8	83.2	77.8	72.3	67.9
밀가루	33.7	36.1	32.4	31.8	31.6	31.6	37.9
보리	2.0	1.8	1.1	1.1	1.0	1.3	0.5
기타	29.4	31.0	29.1	29.1	27.9	31.8	29.7

위의 표는 1997~2023년까지 우리나라의 1년간 1인당 식품공급량을 정리한 것이다. 곡류는 1997년 170.6kg에서 2023년 136.0kg으로 20.3% 감소하였다. 특히, 같은 기간 동안 쌀은 105.5kg에서 67.9kg으로 35.6%가량 크게 감소한 데 비해 밀가루는 33.7kg에서 37.9kg으로 10%가량 증가하였다. 흔히 쌀과 밀가루 같은 곡류가 당뇨의 원인이라 말한다. 하지만 본격적으로 우리나라의 비만과 당뇨가 급격히 증가하기 시작한 것은 2000년 정도부터인데, 조사한 기간 동안 공급이 35.6%나 줄어든 쌀이 어떻게 당뇨의 원인이라는 건지 납득이 되지 않는다. 오히려 쌀이 당뇨와 비만을 막아 주다가 공급량이 줄어들면서 방호벽이 무너진 것으로 해석하는 것이 더 옳은 것 같다.

과거 조선의 임금은 밥의 섭취가 적고 다른 반찬의 섭취가 많은 식단을 가지고 있었다. 게다가 다양한 먹거리를 수시로 섭취하는 풍족한 생활을 하였다. 매일 궁에서 정사를 돌보며 운동은 멀리 하고 스트레스가 큰 생활을 하였는데, 이 모습은 지금의 현대인과 너무나도 닮은 생활조건이었다. 그래서인지 조선시대 임금들 중에는 생각보다 수명이 짧거나 당뇨나 비만 등의 병을 앓았던 경우가 많았다. 이런 상황들을 보았을 때 현재 대한민국 당뇨 열풍의 원인은 절대로 쌀밥이 아니며, 오히려 쌀밥을 줄이면서 섭취되는 다른 식재료들이 원인이라 할 수 있다. 그렇기에 오래전부터 내려오던 "밥이 보약이다."라는 말은 현대 사회에 더욱 적합한 말이 아닌가 생각된다.

한 그릇의 밥은 천 사람의 손을 거친다.

- 일본 속담 -

CHAPTER
02

언제나 맛있는, 밥

밥맛의 하이엔드를 찍다
무쇠솥밥

음식을 만들 때 식재료의 중요성은 두말할 필요가 없고 우리는 지금도 좋은 식재료를 찾기 위해 많은 노력을 한다. 조리도구와 가열방식도 마찬가지다. 피자를 가스 오븐이나 전기 오븐에 구울 수도 있지만 우리는 대부분 화덕에서 구워낼 때 더 맛있다고 생각하며, 화덕에서 참나무 장작을 이용한 열원으로 구운 피자와 석쇠 위에서 참숯으로 구운 고기에 높은 점수를 준다. 맛의 차이가 확연히 나는지는 사람의 입맛에 따라 다를 수 있겠지만, 약간의 차이가 나더라도 고급 재료의 맛을 최대한 뽑아 내기 위해서는 최고의 가열방법이 필요하다고 볼 수 있다.

우리 선조들은 오래전부터 밥, 국, 탕 등 물을 넣고 끓여서 만드는 음식 대부분을 가마솥을 이용하여 조리했고, 장작을 태워 아궁이를 가열하는 방식은 우리 조상들의 전통 조리 가열법이었다. 지금도 길을 가다가 아궁이 위에 가마솥을 얹어 탕이나 국밥을 만들어 파는 식당을 보

| 아궁이와 가마솥

면 더 관심이 가고 그 식당에서 파는 음식은 무조건 맛있을 것 같다고 생각되는 이유는 이런 전통 때문이 아닐까 싶다.

아파트 같은 현대 거주형태에 아궁이를 접목시키기는 쉽지 않은 일이고, 이제는 시골에 가도 아궁이가 있는 집을 찾아보기 어렵다. 이와 달리 가마솥은 지금도 많이 사용되고 있다. 사실 가마솥은 사용하기 귀찮은 조리도구이다. 그 이유는 일단 너무 무겁다. 큰 가마솥의 경우 한 사람이 들기 힘들 정도로 무게가 상당하다. 게다가 음식물을 채워 넣은 가마솥을 옮기기는 더욱 어렵다. 두 번째로 가열속도가 늦다. 솥의 두께가 두껍고 무쇠의 열전도율이 낮아 솥에 충분한 열을 공급하기 위해 한참을 가열한 후에야 비로소 음식을 만들 수 있다.

그럼에도 불구하고 가마솥은 맛있는 밥을 만드는 관점에서는 최고의 조리도구이다. 일반적으로 밥은 쌀을 불려 끓이고, 뜸 들이는 과정을 거처 완성된다. 여기서 중요한 과정은 끓이기와 뜸 들이기다. 이 두 과정을 잘못하면 삼층밥이나 탄 밥이 되어 버린다. 냄비로 밥을 지을 때 밥을 만들기 위한 끓이기 과정 중 밥과 물의 양이 잘 맞지 않은 상태에서 과하게 가열하면 냄비와 접해 있는 부분부터 밥이 타기 시작하고 윗부분은 그대로 있게 되는데, 우리는 이 밥을 삼층밥이라 부른다. 또한, 뜸 들이기를 할 때 뜸이 과하게 들면 바닥 부분의 밥이 까맣게 탈 수 있고, 뜸이 부족하면 밥의 안정화가 잘 되지 않아 밥이 설거나 퍼진 느낌이 강하게 날 수 있다. 이런 문제를 쉽게 해결해 주는 것이 바로 가마솥이다.

가마솥의 뚜껑은 꽤 무거운 편이다. 이 무거운 뚜껑은 가열과정 중 가마솥 안의 압력을 높여 압력솥과 비슷한 조건을 만들어 준다. 물론 밀폐가 잘 되는 요즘의 압력솥에 비하면 압력의 정도가 약하지만, 일반 냄비보다는 높은 압력을 만들어 주는 좋은 솥이다. 압력이 올라가면 100℃에서 끓던 물이 더 높은 온도가 되어야 끓기 시작하고, 끓는 온도가 올라 갈수록 쌀의 호화 과정이 더 잘 진행된다. 호화가 잘 진행되면 밥의 단맛이 더 강해지고 소화흡수가 잘 되며, 끓는 과정 중 높아진 압력은 쌀이 퍼지는 것을 막아 밥알의 형태를 유지시켜 준다. 우리가 흔히 꼬들꼬들한 밥이라 부르는 가장 맛있는 밥이 만들어진다.

최근 외국에서 수입된 조리도구 중에서도 무쇠로 만든 솥 등이 주방 코너의 메인 판매대를 차지하고 있다. 국내 전통 무쇠솥은 무채색인 데

| 수입 무쇠솥

비해 수입 솥은 화려하고 다양한 색을 가지고 있어 사람들의 구매 욕구를 불러일으킨다. 외국에서는 솥을 만들 때 무거운 무쇠보다는 가볍고 단단한 강철 재질을 더 많이 사용한다. 강철로 만든 솥은 두드리거나 압착프레스로 찍어서 만들기 때문에 무쇠솥에 비해 얇고 가벼워 수프나 스튜 같은 요리를 만들 때 더 빨리 가열시킬 수 있다. 따라서 똑같이 철로 만든 솥이지만 우리 무쇠솥은 밥짓기에 더 적합하다고 할 수 있겠다.

현대의 전기밥솥은 대부분 솥 전체를 가열하는 방식과 압력을 강하게 걸어 주는 방식을 채택하고 있는데, 이것은 모두 가마솥이 갖고 있는 기본원리를 적용한 것이다. 이제는 쌀과 물을 솥에 담은 후 취사 버튼을 한 번만 누르면 가마솥밥 같은 전기밥솥밥이 만들어지는 살기 편한 세상이 되었지만, 아날로그 감성을 담은 오리지널 가마솥밥의 맛과 밥이 맛있게 되어 가는 과정을 알고 싶은 이들을 위해 밥의 기본인 '무쇠솥밥' 짓는 법을 레시피에 담아보았다.

재료 및 분량

〈3인분 기준〉
- 흰쌀 3컵
- 생수 3컵~3컵 반

※ 1컵은 일반 종이컵(6.5oz, 180~200mL)을 말한다.

만드는 법

1. 쌀을 1~2회 깨끗이 씻는다.
2. 쌀을 15분 정도 물에 불린다.
3. 무쇠솥에 불린 쌀과 물을 넣는다.
4. 뚜껑을 덮고 센 불로 가열한다.
5. 수증기가 나오면 불을 살짝 줄인 후 5~10분 정도 더 가열한다.
6. 아주 약불로 줄이거나 불을 끈 후 5~10분 정도 뜸을 들인다.
7. 5분 정도 그대로 두었다가 뚜껑을 연다.
8. 주걱으로 밥을 저어 준다. 이때 바닥까지 잘 저어 공기가 밥알 사이사이에 잘 들어가도록 한다.

> **TIP**
> * 쌀을 너무 많이 씻으면 가용성 부분의 손실이 커 밥맛이 떨어진다.
> * 무쇠솥은 두께와 무게에 따라 열효율과 보온성에 차이가 있으며, 충분히 무겁고 두꺼운 솥은 불을 꺼도 솥의 잠열만으로 뜸을 들일 수 있다.

초년생들의 아침을 책임지는
흰쌀가루죽

세계 10대 강국인 대한민국. 하지만 강국이라는 이면에는 아침 결식률도 강국이라는 어둠을 가지고 있다. 2022년 국민건강통계 자료에 의하면 대한민국의 아침 결식률은 34.0%이며, 이 중 20대의 아침 결식률은 무려 59.2%인 것으로 조사되었다.

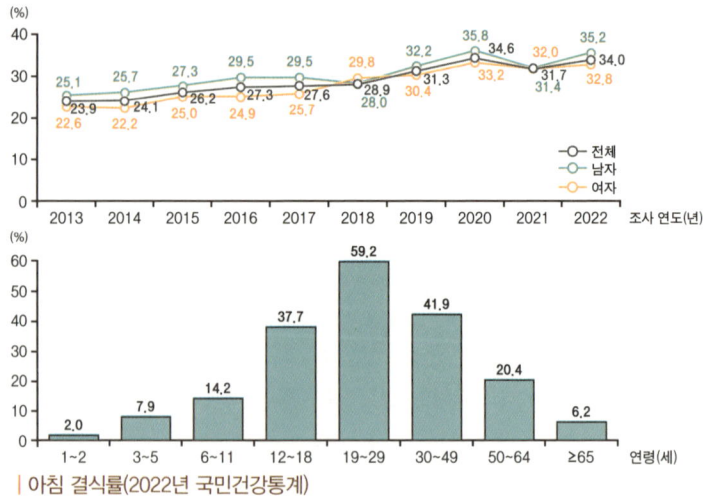

| 아침 결식률(2022년 국민건강통계)

20대에 해당하는 사회 초년생들은 여러 이유로 아침을 거르는 경우가 많은데, 그 이유로 '시간이 없어서'와 '아침밥을 챙겨 먹기 번거로워서'라 답하고 있다.

생애주기에서 0~20세의 시기를 성장기라 부르는데, 이 시기에는 지속적인 에너지원과 영양소 공급이 필수적이다. 만약 에너지원과 영양소 공급이 줄어들면 당연히 성장 저하가 일어나며, 결과적으로 생체 기관과 조직의 성장에 나쁜 영향을 미친다. 특히, 초중고 시기의 아침밥은 학업에도 대단히 중요하다. 밥에 함유된 전분 같은 고분자 탄수화물은 소화과정을 통해 포도당으로 분해·흡수되어 혈당으로 우리 몸에 사용된다. 공부할 때 대뇌는 매우 활발하게 움직이는데, 이때 엄청나게 많은 양의 혈당을 소모한다. 만약 아침에 고분자 탄수화물을 공급받지 못하면 학교 수업을 받을 때나 공부할 때 대뇌는 에너지 부족을 겪게 되고, 이로 인하여 대뇌 기능이 저하되어 학업 효율은 떨어지게 된다.

20대에게도 아침밥은 매우 중요하다. 일단 20대에 속하는 학생들은 대부분 대학생이거나 대학원생인 경우가 많은데, 이들은 중고등학생 시기에 비해 배워야 하는 학업의 양이 많고 복잡하기 때문에 그만큼 대뇌는 더 많은 에너지를 필요로 한다. 그래서 아침밥을 꼭 먹어야 오전 학업을 잘할 수 있게 되는 것이다. 회사에 다니는 20대 신입사원들도 마찬가지다. 회사에서 막내라는 위치로 스트레스를 받으면서 복잡하고 많은 양의 일을 배워야 한다. 이들에게 아침밥을 통해 에너지원을 든든하게 보충해 주지 않으면 업무 중에 큰 실수를 할 수도 있으며, 이는 산업재해로 연결될 가능성이 크다. 그런 의미에서 10대와 20대 모두에게 아침밥은 꼭 필요하다.

'응애~' 하고 갓 태어난 세상 초년생인 영아가 세상에서 처음 맛보게 되는 음식은 바로 엄마의 젖이다. 갓난아기는 모유나 분유를 먹으면서 성장하다가 생후 6개월 정도가 되면 두 가지 큰 변화를 겪는다. 첫 번째는 모유와 우유를 통해서 공급되는 영양분의 양이 부족하게 되는 현상이다. 갓난아기일 때는 몸이 작아서 액상형태인 모유나 우유를 통해 성장하는 데 부족함 없이 영양소를 공급받을 수 있으나, 태어나 6개월 동안 성장함에 따라 키가 자라고 체중이 늘면서 더 이상 액상형태의 음식으로는 영양소 공급을 충분히 할 수 없게 된다. 이때 이유식을 시작하게 되는데, 첫 이유식은 대부분 흰쌀로 만든 미음이나 죽으로 시작한다. 두 번째 변화는 흰쌀과 같은 탄수화물을 소화흡수하기 위해 아밀레이스 등의 소화효소가 체내에서 분비되기 시작하는 것이다. 즉, 효소가 분비되기 때문에 흰쌀로 만든 이유식을 먹여도 소화흡수를 잘할 수 있고 아무 탈 없이 영양소 섭취를 이어갈 수 있게 된다.

흰쌀 미음이나 흰쌀죽은 흰쌀과 물만 있으면 매우 만들기 쉬운 음식으로, 1기 이유식도 아닌 선행 이유식 시기처럼 이유식의 극 초반에 제

| 이유식을 먹는 아기

공한다. 흰쌀죽은 보통 밥에 물을 붓거나 생쌀과 물을 섞은 후 저어 주면서 끓여 만들 수 있으나 이런 방법으로 만들면 생각보다 시간이 오래 걸리고 번거롭다.

이번에 소개할 레시피는 '흰쌀가루죽'이다. 시간이 부족하고 번거로워서 아침을 건너 뛰는 20대나 내 아이의 첫 이유식을 직접 만들어 먹이고 싶은 엄마들이 30초 만에 완성할 수 있는 음식이 될 것이다.

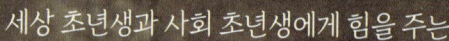

세상 초년생과 사회 초년생에게 힘을 주는

30초 완성 흰쌀가루죽

재료 및 분량

- 쌀가루 20g
- 생수 200mL
- 소금, 견과류(땅콩, 잣 등), 해초가루 등

만드는 법

1 냄비에 물 200mL를 넣고 센 불로 끓인다.

2 쌀가루와 물의 비가 1 : 10이 되도록 쌀가루 20g을 준비한다.

3 쌀가루가 담긴 그릇에 쌀가루와 물의 비가 1 : 1 이상이 되도록 물을 넣고 젓가락으로 잘 풀어 준다.

4 물이 끓으면 중간불로 조금 낮춘다.

5 물에 갠 쌀가루를 덩어리가 생기지 않도록 속도를 조절하면서 끓는 물이 담긴 냄비에 넣고 주걱으로 15~30초 정도 빠르게 저어 주면 물과 쌀가루가 잘 섞인 죽이 완성된다.

> **TIP**
> * 쌀가루를 물에 갤 때 쌀가루가 충분히 풀어지시 않으면 덩어리가 생기므로 충분히 풀어 주도록 한다.
> * 기호에 따라 땅콩가루, 잣가루 등의 견과류나 대추 등의 과실류 및 김가루 등의 해초가루를 첨가하여 먹어도 좋고, 조미가 전혀 되어 있지 않으므로 간장, 소금 등으로 간을 해서 먹어도 좋다.

쉽고 빠른 영양소 공급을 위한
타락죽

　우리가 생애주기를 살아가는 동안 영양소를 빠르게 섭취해야 할 시기가 찾아온다. 이 시기에는 몸이 과량의 영양소를 요구하는데, 안타깝게도 소화기관의 기능이 충분히 따라가지 못하는 경우가 많다. 어린아이는 소화기관이 작아 음식물의 소화량에 한계가 있고, 노인은 노화에 의해 소화기능이 약해져 장관운동 능력이 떨어지며 소화효소 등의 분비가 줄어든다. 이 두 시기에는 고효율의 영양소 섭취를 위해 외부에서 미리 소화과정을 진행하거나 음식물을 익혀서 섭취하는 것이 좋다. 또 대부분의 환자는 질병에 의해 심신이 약해져 소화기능이 떨어지는데, 이때 영양적으로 균형이 좋고 소화가 잘 되는 음식물을 공급하여 소화기능을 빠르게 회복시킨 후 질병을 앓기 전의 일상적인 식사를 할 수 있도록 돕는 것이 중요하다. 어린아이, 노인, 환자에게 권장하는 음식은 소화가 용이하고 흡수율이 높은 '죽식'이다. 죽식은 죽을 만드는 과정에서 과량의 수분에 의해 부드러운 물성을 띠며, 이 물성은 소

| 죽을 섭취하는 환자

화효소와의 반응을 촉진하고 장 속에서 음식물이 부드럽게 움직일 수 있도록 돕는다.

죽식은 다이어터에게도 좋은 식사 유형이라 할 수 있다. 일반적으로 다이어트 기간에는 식사량을 줄이는데, 급격히 줄인 식사량으로 포만감을 느끼지 못하고 이전 식사를 보상받고 싶은 강한 욕구가 생긴다. 이 욕구는 다이어트 기간보다 다이어트가 끝난 이후에 더 강하게 나타나는데, 이 욕구를 다스리지 못하면 요요현상이 발생한다. 따라서 다이어터가 포만감을 느끼면서도 몸에 필요한 영양소가 기본적으로 공급되어야 할 타이밍에 죽식을 이용하는 것이 좋다. 보통 한 끼 식사에 먹는 밥 한 공기는 210g 정도이지만 죽은 20~30g의 쌀만으로도 한 그릇 이상을 만들 수 있다. 한 그릇 이상 먹더라도 외적 부피로 보았을 때 평소와 비슷한 섭취량을 보장받을 수 있고, 실제로는 밥으로 먹는 쌀 양의 1/10 정도만 죽을 통해 섭취하므로 영양소 공급이 제한될 수 있는 것이다.

죽식을 먹을 때 일반적인 죽도 좋지만, 기본적으로 필요한 영양소 공급을 위해 우유, 두유, 고기, 전복 같은 단백질원을 넣어 죽을 만들거나 죽 위에 말린 과일, 육류, 해산물 등을 올려서 먹는 것도 좋은 방법이다.

이번 레시피에서는 쉽고 빠르게 에너지를 줄 수 있는 '타락죽'을 소개하고자 한다. 타락죽의 원료가 되는 우유는 완전식품 중 하나이다. 양질의 단백질과 소화가 용이한 지질 및 중년 이후 여성과 성장기 아이들에게 꼭 필요한 칼슘을 다량 함유하고 있으며, 다른 칼슘에 비해 우유 속 칼슘은 이미 이온화되어 있어 흡수율이 매우 높다. 또한 일반적인 흰죽의 경우는 간이 되어 있지 않고 약간 퍽퍽한 식감이 있지만, 우유를 이용하여 타락죽을 끓이면 우유에 의해 간도 적당히 되면서 크리미하여 목 넘김이 좋다. 완전식품인 우유와 적당한 탄수화물을 공급해 주는 쌀가루를 이용하여 영양만점 타락죽을 손쉽게 만들어 보자.

비싼 우유의 비밀

우유는 완전식품이다. 여기서 완전식품이란 생물체에게 필요한 모든 영양소를 함유하고 있는 식품을 말한다. 우유는 송아지에게, 엄마의 모유는 아기에게 있어서 완전식품이다. 갓 태어난 송

| 최고의 완전식품인 우유

아지와 아기는 엄마의 젖을 먹으며 일정기간 동안 성장하고, 이 기간 동안 다른 것은 먹지 않기 때문에 우유를 완전식품이라고 할 수 있는 것이다.

시중에 유통 중인 우유는 초고온살균법 우유와 저온살균법 우유로 나뉜다. 초고온살균법 우유보다 저온살균법 우유의 가격이 비싸 더 좋은 우유라 생각할 수 있지만, 사실 가격의 차이는 원유의 질보다는 살균방법 때문에 발생한다. 우리가 일상적으로 사 먹는 우유는 초고온살균법 우유로, 135℃에서 2초라는 아주 짧은 시간에 가열하는 살균법이다. 이에 비해 저온살균법 우유는 63℃에서 30분간 서서히 가열하는 살균법이다. 저온살균법은 온도가 낮아 유익균들이 살아 있는 장점이 있지만, 가열 시간이 길어서 우유의 맛과 향, 색 등에 화학적 변화가 발생한다. 반대로 높은 온도를 사용하는 초고온살균법은 유익균까지 살균되는 단점이 있지만, 화학적 변화가 최소화되어 우유 본연의 맛과 향을 즐길 수 있다. 우유의 살균방법은 포장용기 옆에 다음과 같이 표기되어 있다.

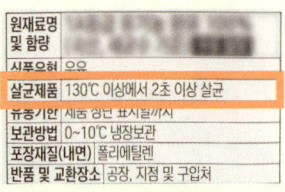 

| 초고온살균법(좌)과 저온살균법(우) 표기

우유는 그 자체로 양질의 영양소를 공급하는 식재료이므로 좋은 우유를 찾기보다는 매일 한 컵씩 꾸준히 마시는 것을 권한다. 유당불내증으로 직접 섭취가 힘들다면 타락죽 등의 요리를 통해 먹는 것도 좋다.

부드러움과 고소함을 모두 잡은
30초 완성 타락죽

재료 및 분량

- 쌀가루 20g
- 우유 200mL
- 생수 30~40mL
- 견과류(땅콩, 잣 등), 해초가루 등

만드는 법

1 냄비에 우유 200mL를 넣고 센 불로 끓인다.

2 쌀가루와 우유의 비가 1 : 10 이상 되도록 쌀가루 20g을 준비한다.

3 쌀가루가 담긴 그릇에 쌀가루와 물의 비가 1 : 1 이상이 되도록 물을 넣고 젓가락으로 잘 풀어 준다.

4 우유가 적당히 끓으면 중간불로 조금 낮춘다.

5 물에 갠 쌀가루를 덩어리가 생기지 않도록 속도를 조절하면서 끓는 우유가 담긴 냄비에 천천히 넣고 주걱으로 15~30초 정도 빠르게 저어 주면 우유와 쌀가루가 잘 섞인 죽이 완성된다.

> **TIP**
> * 쌀가루를 물에 갤 때 쌀가루가 충분히 풀어지지 않으면 덩어리가 생기므로 충분히 풀어 주도록 한다.
> * 흰쌀가루죽처럼 기호에 따라 땅콩가루, 잣가루 등의 견과류나 대추 등의 과실류 및 김가루 등의 해초가루를 첨가하여 먹어도 좋다.

다양한 식감의 향연
오이달걀주먹밥 &
돼지고기양파주먹밥

우리가 쌀밥으로 쉽게 만들어 먹는 것 중 하나가 바로 주먹밥이다. 많은 이들이 좋아하는 김밥과 쌍벽을 이루는 우리나라 대표 간편식이다. 김밥은 속에 들어갈 재료를 일일이 준비해야 하는 번거로움이 있고, 김을 말아서 만드는 과정 등에 생각보다 손이 많이 간다. 이와 달리 주먹밥은 밥을 손으로 뭉쳐서 본인에게 맞는 양을 결정할 수 있고, 휴대가 간편한 장점을 가지고 있다. 게다가 밥만 뭉쳐서 먹는 것이 아니라 김, 깨, 햄, 달걀 등의 재료와 간장, 고추장 등의 소스를 다양하게 섞어서 만들기 때문에 맛과 영양적 균형을 조절할 수 있다. 그런데도 주먹밥은 영양소가 쌀에 편중되는 단점을 가질 수밖에 없다. 쌀에 부족한 영양소 중 대표적인 것은 단백질과 식이섬유이다.

단백질은 우리 몸의 구성원과 조절소로 사용되는 중요한 영양소이다. 우리 몸에서는 매일 일정량의 단백질이 소비되어 분해·배출되기 때문에 식품을 통해 부족한 부분을 보충해 주어야 한다. 단백질은 섭취량도 중요하지만 섭취하는 단백질의 질도 매우 중요한데, 단백질의 질은 단백가 점수를 통해 인지할 수 있으며 동물성 단백질은 식물성 단백질에 비해 더 높은 단백가를 가지고 있어 양질의 단백질로 평가된다.

식이섬유는 채소류와 해조류를 통해 보충할 수 있다. 김밥을 만들어 먹을 경우 김과 김밥 속에 들어가는 단무지, 우엉조림, 시금치 등으로 식이섬유를 충분히 보충할 수 있다. 하지만 주먹밥은 그렇지 못하다.

이번 레시피에서는 밥만으로는 부족한 영양에 균형을 맞춘 주먹밥 두 가지를 소개하고자 한다. 첫 번째로 소개할 주먹밥은 주먹밥에 오이와 달걀을 추가한 '오이달걀주먹밥'이다. 달걀은 단백가 100점인 식재료로 완전식품 중 하나이며, 주먹밥에 부족한 단백질을 보충하는 데 이상적인 식재료이다. 여기에 밥으로만 주먹밥을 만들면 식이섬유가 부족해질 수 있어 오이를 추가하였다. 오이는 대부분의 사람들이 좋아하는 채소 중 하나로, 수분이 풍부하고 특유의 조직감이 있다. 아삭하고 시원한 느낌을 주기 때문에 퍽퍽함을 줄여 주고, 식이섬유 외에도 비타민과 무기질 공급 식재료로도 가치가 높다. 본 레시피에서는 오이를 소금에 절여 사용했는데, 그 이유는 오이의 숨을 죽여 물이 생기지 않아 주먹밥에 사용하기 쉬우며 소금 간을 따로 하지 않아도 되기 때문이다.

두 번째로 소개할 주먹밥은 주먹밥에 돼지고기와 양파를 추가한 '돼지고기양파주먹밥'이다. 돼지고기는 소비자들이 합리적인 가격으로 구매할 수 있는 식재료로, 주먹밥에 넣어 먹으면 입속에서 육류의 풍부함과 쫄깃한 식감을 느낄 수 있다. 돼지고기는 비타민 B12의 주요 공급원이다. 비타민 B12는 채소, 과일, 곡류 등의 식재료에는 들어 있지 않고 돼지고기 같은 육류에만 존재하며, 사회생활을 통해 음주, 스트레스, 과로 등에 노출된 성인들에게 꼭 필요하다. 그런데 우리는 돼지고기에 대해 '돼지고기=지방'이라는 잘못된 선입견을 가지고 있다. 우리가 즐겨 먹는 삼겹살 부위 때문에 이런 선입견이 생긴 것 같다. 삼겹살은 100g 기준 지방이 32~35g으로, 지방 함량이 높은 부위 중 하나이다. 우리가 삼겹살을 즐겨 먹는 이유는 요리 방법 때문이다. 고기는 굽는 과정 중 지방이 녹아 나가 손실되는데, 삼겹살은 지방 함량이 높아 어느 수준 지방이 제거되어도 특유의 부드러움을 유지한다. 그러나 목살이나 뒷다릿살 같은 부위는 지방 함량이 낮고 단백질 함량이 높아 구워 먹을 경우 퍽퍽한 식감이 나므로 수육 등으로 요리하는 것이 좋다.

| 삼겹살

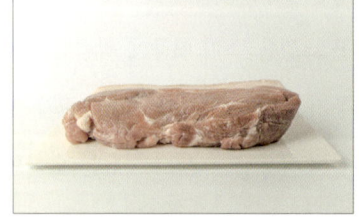

| 뒷다릿살

돼지고기 속 포화지방산의 과다 섭취는 몸속 혈관 내 지질 함량을 상승시키고, 과도한 혈관 내 지질은 고지혈증과 고혈압, 동맥경화 같은 심혈관계 질환을 유발한다. 이런 질병을 예방하기 위해 생리활성적으로 다양한 채소들의 섭취가 제안되고 있는데, 그중 최고는 양파이다. 기름에 볶은 음식을 평생 먹는 중국인의 경우 지방 섭취량이 많음에도 불구하고 심혈관계 질환의 발병 비중이 낮다. 이 현상을 '차이니스 패러독스'라 하는데, 그 이유로 제시되는 것 중 하나가 바로 양파 섭취이다. 양파에 들어 있는 생리활성물질은 알리신과 퀘르세틴으로, 두 성분 모두 항산화 기능과 혈중 지질 개선효과 등이 있는 것으로 알려져 있다. 몸에 좋은 단백질과 비타민을 공급하는 돼지고기, 그 돼지고기에서 걱정되는 성분인 포화지방산에 대한 위해를 줄여 주는 양파의 만남은 완벽한 식재료 조합이라 할 수 있다.

주먹밥에 곁들여 먹을 국으로 달걀감잣국을 매칭시켰다. 주먹밥의 맛이 살짝 가볍고 심심할 수 있는데, 달걀감잣국은 달걀향이 강하고 감자의 전분감이 국물의 점도를 올려 주어 주먹밥과 잘 어울린다. 레시피에서는 오이달걀주먹밥과 돼지고기양파주먹밥 만드는 과정을 소개한다.

야외 나들이할 땐 간편한 게 최고

오이달걀주먹밥 & 돼지고기양파주먹밥

오이달걀주먹밥

돼지고기양파주먹밥

오이달걀주먹밥

재료 및 분량

- 오이 80g
- 달걀 2개
- 밥 250g
- 소금 적당량
- 깨 1큰술
- 혼다시 1/2작은술
- 참기름 적당량
- 조미김 4~5g

만드는 법

1. 얇게 썬 오이는 10분간 소금에 절인 후 꼭 짜서 물기를 뺀다.
2. 팬에 식용유를 두르고 풀어 놓은 달걀에 소금을 약간 넣어 스크램블드 에그를 만든다.
3. 밥에 오이와 스크램블드 에그, 깨, 혼다시, 참기름, 조미김 등을 넣고 잘 섞는다.
4. 원하는 크기로 주먹밥을 만든다.

돼지고기양파주먹밥

재료 및 분량

- 밥 250~300g
- 다진 돼지고기 목살 150g
- 양파 1/2개(약 70g)
- 대파 약 1/3대
- 마늘 2개
- 생강 1/2개
- 소금, 후추 적당량
- 참기름, 깨 2큰술
- 청주 1큰술
- 간장, 굴소스, 고춧가루 각 1/2큰술
- 혼다시 1작은술
- 식용유

만드는 법

1. 분량의 마늘, 양파, 대파, 생강을 다진 후 팬에 식용유를 두르고 볶는다.
2. 볶은 재료에 청주를 넣고 소금, 후추로 살짝 밑간을 한다.
3. 다진 돼지고기를 넣고 볶는다.
4. 간장, 굴소스, 고춧가루, 혼다시, 깨를 넣고 섞은 후 마지막으로 불을 끈 후 참기름을 둘러 준다.
5. 4의 재료에 밥을 섞는다.
6. 참기름과 깨 1큰술씩을 추가하여 섞는다.
7. 원하는 크기로 주먹밥을 만든다.

TIP 기호에 따라 완성된 주먹밥 위에 김가루를 뿌리거나 달걀프라이를 얹어 보기 좋게 만들어 먹어도 좋다.

해장에 해장국은 식상해!
명란오니기리와 황탯국

　성인이라면 살아가면서 한두 번쯤 과음에 의한 숙취를 경험하게 되고, 과음한 것이 아니어도 술 먹은 다음 날에는 왠지 해장하고 싶은 생각이 들 때가 있다. 한국인은 다양한 방법으로 해장을 하는데, 그중 가장 대표적인 방법은 해장국을 먹는 것이다. 선지해장국, 콩나물해장국, 뼈해장국 등 맛있고 먹으면 속도 편한 해장국 종류가 많아 선택에 애를 먹기도 한다.

　해장은 술을 먹은 후 손실된 영양소와 회복에 필요한 영양소를 식사를 통해 채워 주는 것이다. 술을 먹을 때 혹사되는 몸속 장기는 바로 간이다. 간 회복에 꼭 필요한 영양소는 단백질과 탄수화물이며, 특히 단백질은 손상된 간을 치료하기 위한 재료이다. 손상된 간 재생에는 많은 에너지가 필요한데, 이 에너지를 만들어 내기 위한 충분한 양의 탄수화물도 필요하다. 더불어 이뇨작용에 의해 손실된 나트륨도 보충해 주어야 한다.

선지해장국을 예로 들어 보자. 선지해장국에 들어가는 선지는 소의 피로 만든 식재료로 양질의 단백질이 풍부하고, 국물에 밥을 말아 먹기 때문에 탄수화물을 공급할 수 있다. 또 국물의 짠맛을 통해 나트륨을 보충할 수 있어 선지해장국을 먹으면 해장에 필요한 3가지 영양소를 모두 먹는 것이 된다. 다른 해장국은 선지해장국과 동일하게 밥과 짠맛을 갖고 있으나 단백질원이 서로 다르다. 콩나물해장국은 달걀과 오징어가 단백질원이 되고, 뼈해장국은 뼈에 붙어 있는 고기가 단백질원이 된다.

이번에는 해장할 때 매번 국밥 형태의 해장국만 먹는 식상함에서 벗어나 약간 변형된 레시피를 소개하고자 한다. 바로 '명란오니기리'와 '황탯국'이다. 우선 공깃밥의 대체식으로 명란오니기리를 준비하였다. 일본식 주먹밥을 오니기리라 부르는데, 만드는 법이 꽤나 간단하다. 사용할 재료를 잘 섞어서 버무린 후 먹기 편한 사이즈로 뭉치기만 하면 끝난다. 순수하게 흰쌀밥만으로 만든 주먹밥은 음주 후에 먹기 힘들 수 있어 명란과 참기름 등을 첨가하였다. 명란은 적당한 짠맛과 담백한 맛을 내면서 특유의 점성으로 밥알 사이사이에 들어가 부드러운 식감을 주며, 밥알이 뭉쳐 덩어리지지 않게 하여 먹기 편하다. 조리 과정 중 첨가하는 약간의 참기름은 명란과 채소류의 이취를 잡아 주고, 밥알끼리 과하게 달라붙는 것을 막아 주는 역할을 한다.

| 강원도 인제의 황태덕장

　황태는 해장국의 재료로 많이 사용되는 고단백질 식품이다. 식품성분표를 보았을 때 황태 100g 중 단백질이 80g을 차지할 정도로 단백질 함량이 높다. 특히, 황태를 만드는 과정 중 동결과 건조를 반복적으로 거치면서 단백질이 분해되어 아미노산이 되는데, 이것이 국물의 담백한 맛을 증가시킨다. 따라서 시원하고 담백한 황탯국을 조금만 먹어도 해장에 필요한 단백질을 충분히 섭취할 수 있게 된다.

　보통의 해장국과는 전혀 다른 구성이지만, 영양학적으로는 일반 해장국밥에 견줄 만한 영양을 담고 있는 명란오니기리 해장 레시피를 소개한다.

술 먹은 다음 날, 속 편한 해장을 위한

명란오니기리

재료 및 분량

- 밥 200~250g
- 명란 30g
- 깻잎 또는 일본 시소잎 3장
- 깨 2큰술 반
- 소금 적당량
- 참기름 적당량

만드는 법

1. 밥에 명란과 채 썬 깻잎(또는 시소잎), 깨, 소금, 참기름을 넣고 섞는다.
2. 밥을 먹기 좋은 크기로 손에 쥐어 삼각형 모양으로 오니기리를 만든다.

> 💡 TIP
> * 기호에 따라 명란을 오니기리 위에 얹어 먹어도 좋다.
> * 황탯국을 곁들이면 완성된 한 끼 식사로 즐길 수 있다.

다이어트와 변비의 해결사
미역밥

'바다의 잡초(Seaweed)'는 해조류를 일컫는 영어식 표현이다. 육지와 마찬가지로 물속에도 식물, 동물, 미생물이 공생하고 있다. 해조류는 물속에 사는 식물 중 식용이 가능한 것을 지칭하는 것으로, 서양에서는 바다에서 자라는 식물을 사람이 먹는다는 이미지 자체가 없기 때문에 해조류 전체를 식용 불가한 '잡초'라고 표현한 것이다.

해조류는 단순히 식용이 가능하다는 것 외에도 육지에서 자라는 식물류나 동물류에서는 얻기 힘든 다양한 영양소를 얻을 수 있다는 장점을 가지고 있다. 이런 가치가 재조명되면서 최근에는 슈퍼푸드의 후보로 급부상하고 있다.

한국산 해조류 중 세계적으로 최고의 인기를 끌고 있는 것이 바로 '김'이다. 우리나라는 김을 밥과 함께 먹을 때 같이 먹는 부식으로 인지하고 있다. 우리의 음식문화를 따라 중국, 동남아 등 밥을 주식으로 하는 아시아의 여러 나라에서 김이 불티나게 팔려 나가고 있으며, 일본은 이미 오래전부터 한국은 미워도 한국산 김은 사랑한다고 할 정도로 한국 김 애호 국가이다. 밥을 주식으로 먹지 않는 서양에서는 김이 간식으로 인식되고 있으며 김치맛, 고추냉이맛, 바베큐맛 등 다양한 향을 첨가한 조미김을 과자처럼 만들어 간식으로 먹는다.

김 다음으로 한국인이 애틋하게 사랑하는 해조류는 '미역'이다. 다시마, 톳, 우뭇가사리, 매생이, 감태 등 다양한 해조류를 먹고 있지만, 몸보양을 위해 먹는 해조류는 단연코 미역이다. 우리나라에서는 아이를 출산했거나 영양소를 보충하기 위해 미역을 챙겨 먹고, 특별히 생일날에 미역국을 먹는 것은 당연한 문화가 되었다. 당나라 때 "고래가 새끼를 낳은 뒤 미역을 뜯어 먹어 산후의 상처를 낫게 하는 것을 보고 고구려 사람들이 산모에게 미역을 먹였다."라는 기록이 있다고 하는데, 사실 정확한 것은 아니다. 다만, 식품학적 관점에서 보면 미역은 요오드를 공급하는 최강의 식재료이며, 그 함량이 다른 식재료에 비해 압도적

| 조미김

| 건미역, 생미역

으로 높다. 한국에서 요오드 결핍증이 거의 발생하지 않는 이유가 바로 미역 섭취 덕분이다. 요오드는 항균력을 가지고 있는 무기질이다. 어린 시절 상처가 나면 빨간 약을 상처에 바르곤 했는데, 그 빨간 약의 주성분이 바로 요오드이다. 아이를 낳는 과정에서 몸에 큰 충격과 상처를 입은 산모들이 몸을 추스리고 항균력을 증대시키기 위해 '소고기 미역국'을 먹은 것에서 우리 선조들의 지혜를 엿볼 수 있다.

미역은 요오드 외에도 식이섬유 함량이 높다. 말린 미역 100g 중 식이섬유의 총함량은 35.6g이다. 오이 1개(200~250g)의 식이섬유 함량이 1.0~1.7g이니, 말린 미역 100g에 해당하는 식이섬유를 먹기 위해서는 오이 21~35개를 먹어야 한다. 특히, 식이섬유가 필요한 시기는 바로 다이어트를 할 때와 변비가 생겼을 때이다. 다이어트를 할 때 식이섬유는 장운동을 촉진시켜 장에서의 음식물 이동속도를 빠르게 해주고 영양소 흡수 시간을 단축시켜 영양소 흡수율을 낮춘다. 이는 일상적인 식사 시 미역을 함께 섭취하면 식사량을 줄인 것 같은 효과를 기대할 수 있다는 것을 의미한다. 또한, 다이어트를 할 때 동반하는 부작용이 바로 변비인데, 음식물 섭취량을 줄이면 장 운동이 약해져 변비로 고생하게 된다. 이때 식이섬유는 변의 부피를 증가시켜 변을 부드럽게 만들고, 장 내에서 변의 이동과 배출을 도와 주는 역할을 한다.

사실 다이어트는 음식을 먹지 않는 것보다 어떤 음식을 어떻게 잘 먹는가가 더 중요하다. 식이섬유와 다양한 무기질을 함유한 미역밥은 더 건강하고 성공적인 다이어트를 기대할 수 있게 한다. 따라서 다이어트에 도움이 되는 레시피로 '미역밥'과 '홍합미역국'을 추천한다. 홍합은 감칠맛이 좋아서 오래전부터 국물을 우려낼 때 많이 사용되던 식재료로, 우리가 좋아하는 중식당의 짬뽕도 국물을 낼 때 홍합을 많이 이용한다. 다이어트를 하는 과정에서 단백질 공급 역시 매우 중요한데, 홍합 살이 단백질 공급원 역할을 한다. 이처럼 홍합은 맛과 단백질 공급을 위해 다이어터에게 추천할 만한 좋은 식재료이다. 여기서는 미역밥 만드는 방법을 소개하겠다.

바다 내음을 듬뿍 머금은

미역밥

재료 및 분량

- 쌀 2컵
- 건미역 8g
- 생수 320~330mL
- 액젓 1큰술
- 청주 1/2큰술
- 미림 1큰술
- 참기름 1큰술
- 깨, 소금 적당량

만드는 법

1. 미역을 물에 불린다.
2. 불린 미역을 송송 썬다.
3. 쌀을 씻어 체에 밭친다.
4. 밥솥에 쌀을 넣고 물을 넣은 후 불린 미역의 반을 함께 넣어 준다.
5. 분량의 청주, 미림, 액젓을 넣고 밥을 짓는다.
6. 밥이 다 되면 나머지 미역과 참기름, 깨, 소금을 넣고 잘 섞어 준다.

> **TIP**
> * 건미역은 물을 흡수하면 부피가 엄청나게 부풀어 오르므로 반드시 소량만 넣도록 한다. 요리할 때 미역 1인분은 보통 8g 정도이다.
> * 건미역을 생으로 먹으면 설사, 구토 등의 급성 증상이 나타날 수 있으므로 절대 생으로 먹지 말고 익혀서 먹도록 한다.

• 레시피 출처 : 리카(2024), 《그 맛을 따라 할 순 없어도》, 남해의봄날

면역력을 끌어올리는
버섯우엉영양밥

　음식을 통해 면역력을 올리는 방법에는 여러 가지가 있다. 면역세포의 재료가 되는 단백질 공급을 충분히 하는 것도 한 방법이고, 비타민과 무기질의 공급을 충분히 하는 것도 좋은 방법이다. 면역력과 관련된 생리활성물질이 풍부한 식재료를 먹는 방법도 있는데, 이 방법의 대표적인 식재료는 바로 버섯과 뿌리채소이다.

　버섯은 식물이 아니다. 버섯은 곰팡이와 비슷하게 분류되는 균사체로 세균과 효모, 곰팡이 심지어는 바이러스의 공격을 받는다. 그래서 다른 미생물의 공격을 막기 위해 생리활성물질을 화학적으로 만들어 배출한다. '베타글루칸'이라 불리는 성분도 그중 하나이다. 베타글루칸은 면역세포를 활성화시키고 면역조절 효과를 가진 성분으로 알려져 있으며, 대식세포와 NK세포의 활성을 도와 감염을 방어하는 것으로도 알려져 있다. 또한 항암치료 시 보조 효과가 있을 가능성에 대해서도 보고되어 있다. 이런 이유로 동양에서는 과거부터 상황버섯, 차가버섯, 운지버섯, 영지버섯 등에 신비한 효과가 있다고 여겨 비싼 가격에 거래되어 왔다.

뿌리채소에도 면역력에 도움을 주는 성분이 풍부하다. 뿌리는 채소가 땅속에 내려 몸을 지탱하는 작용을 하는 기관이다. 그래서 다른 조직에 비해 강하고 억세다. 땅속은 세균 등의 미생물이 성장하기에 매우 좋은 조건을 제공하고 있어 소량의 흙에도 많은 미생물이 생육한다. 이 미생물이 채소의 뿌리부분을 공격하여 채소를 병들게 하고 죽게 하는데, 채소는 땅속 뿌리에 '파이토케미컬'이라 불리는 보호물질을 과량으로 만들어 미생물의 공격에서 스스로를 보호한다. 버섯과 마찬가지로 우리나라에는 오래전부터 더덕, 도라지, 인삼, 칡 등 뿌리채소가 보약이라는 인식이 있었고, 최근 연구를 통해 뿌리채소에 항균, 항염, 항바이러스 성분이 다량 함유되어 있다는 것이 증명되었다.

으슬으슬 추워지고 따뜻한 것을 찾게 되는 계절이 오면, 면역력에 도움을 주는 버섯과 뿌리채소를 넣은 밥 한 그릇이 우리의 건강을 지켜주는 보양식이 되어줄 것이다. 여기에서는 버섯과 우엉을 넣은 '버섯우엉영양밥' 레시피를 소개한다.

면역력 향상과 영양균형을 한 번에

버섯우엉영양밥

재료 및 분량

- 쌀 3컵
- 느타리버섯 50g
- 표고버섯 50g
- 당근 1/3개
- 우엉 80g
- 다시마 육수 550mL
- 간장 2큰술
- 청주 1/2큰술
- 미림 1큰술
- 소금 적당량

만드는 법

1. 쌀을 씻은 후 체에 밭쳐 물기를 뺀다.
2. 버섯, 당근, 우엉을 먹기 좋은 크기로 자른다.
3. 분량의 다시마 육수, 간장, 청주, 미림, 소금을 넣고 소스를 만든다.
4. 밥솥에 쌀과 2, 3의 재료를 모두 넣고 밥을 짓는다.

TIP 버섯은 기호에 따라 느타리버섯, 표고버섯, 팽이버섯 등 다양하게 사용이 가능하다.

떠났던 입맛을 되돌아오게 하는
누룽지탕 & 현미발효식초

　필자는 밥이 가진 최고의 장점으로 먹을 사람의 나이와 건강상태에 맞게 쌀과 잡곡과의 혼식, 물의 양 등을 조절하여 밥을 지을 수 있다는 점을 꼽고 싶다. 특히, 쌀로 미음이나 죽을 만들 수 있는 것은 병을 앓고 있거나 소화기관의 능력이 떨어져 있을 때, 고령의 어르신을 위한 식단을 만들 때 필요한 특성 중 하나이다.

　그런데 식사를 정말로 잘 해야 하는 시기가 있다. 바로 질병 또는 사고로 인한 수술 후 회복기이다. 장수가 보편화되어 가는 현대사회에서 우리는 다양한 질병에 걸릴 수밖에 없다. 질병을 치료하기 위해 수술을 받기도 하고, 센 약을 처방받아 먹기도 하며, 방사선이나 레이저 시술을 받기도 한다. 이 모든 과정은 기력을 쇠하게 하므로 치료과정 중에 올바른 식사를 하여 체력을 보충해 주어야 한다. 하지만 치료에서 오는 고통 때문에 입맛이 없고 식사를 제대로 못하는 것이 현실이다.

특히, 암 치료를 받는 환자 중에는 순전히 암 때문보다 오히려 치료 과정 중 식사를 잘 하지 못해 건강이 급격히 나빠지는 경우도 있다. 병원에 입원해 있는 동안에는 주사를 통해 포도당이나 아미노산을 공급하여 식사를 걸러도 필수적인 영양소를 공급받을 수 있으나, 퇴원 후에는 반드시 식사를 해야만 영양소를 공급받을 수 있다. 그러나 필수 영양소를 꽉 채운 식단을 짜기가 쉽지 않고 입맛도 없으니 평소처럼 식사하는 것은 쉽지가 않다. 하여, 이 시기 식사를 잘하지 못하는 이들을 위해 소화가 쉽고 입맛을 돋우며, 영양적 균형을 맞춘 쌀로 만든 회복 레시피를 준비해 보았다.

가마솥과 쌀이 만들어 낸 부산물인 누룽지는 고소한 맛과 특유의 식감이 있다. 한국인이라면 어릴 적 어머니가 만들어 주셨던 따뜻한 누룽지의 맛을 대부분 기억하고 있을 것이다. 누룽지는 그냥 먹어도 맛

| 누룽지

있지만 기름에 살짝 튀겨서 설탕을 뿌려 먹으면 달달함과 구수함을 한 번에 느낄 수 있어 별미이다.

누룽지는 밥과 다른 특성을 가진 음식이다. 밥은 쌀을 가열하였을 때 수분을 흡수하고 팽창하는 과정을 통해 소화가 잘 되도록 결정 특성이 깨진다. 이와 달리 누룽지는 솥의 가장 밑바닥에서 가열된 쌀이 수분 흡수 과정을 지나 지속적인 가열에 의해 건조와 열분해가 일어난 음식이다. 건조 과정을 거치면서 밥보다 쫄깃하고 딱딱한 식감을 갖게 되며, 열분해가 진행되고 갈변 반응이 일어나 구수한 향이 생겨난다.

입맛을 잃은 환자에게 누룽지를 권하는 이유는 바로 이 구수함에 있다. 밥은 향이 적은 음식으로 입맛을 자극하는 능력이 부족하다. 밥 향이 부족하다는 것은 깨끗한 음식이라는 것을 뜻하며, 이는 알레르기를 일으키지 않는 음식이라는 의미도 있다. 따라서 흰쌀밥은 지속적으로 오랜 시간 주식으로 먹기에 정말 안전한 식품이다. 그런데 흰쌀밥을 안전하다는 이유로 입맛이 없는 환자에게 계속 제공한다면 과연 한 번 떠난 입맛을 다시 돌아오게 할 수 있을까? 이럴 때 누룽지라면 가능할 수도 있다. 일반적으로 누룽지는 물의 양에 따라 국, 탕, 조림 등 다양한 음식으로 만들어 먹을 수 있다. 이 중 누룽지탕은 누룽지에 다양한 재료를 넣고 물 또는 육수를 부어 만드는 음식으로, 따뜻하며 속을 편안하게 하고 구수하여 입맛을 돋우는 데 안성맞춤이다.

| 누룽지를 이용한 음식의 대표 뚝배기 해물누룽지탕

　누룽지는 특히 소화가 잘 되는 특성을 갖는다. 이 특성은 열분해 과정을 거치면서 얻게 된다. 밥은 가열 과정 중에 열에 의해 솥 바닥에서 물리적 분해 과정을 거치게 되는데, 이를 호정화 과정이라 한다. 호정화를 거치면서 생기는 변화 중 하나는 쌀 속의 전분질이 가열 분해되어 고분자에서 저분자로 변한다는 것이다. 밥을 먹은 후 소화효소에 의해 소화가 되는 과정 역시 고분자에서 저분자로 변하는 과정인데, 누룽지는 만들어지는 과정에서 이미 일정 부분 열분해되었기 때문에 섭취 후 소화기관이 움직여야 하는 수고를 줄일 수 있고, 그만큼 소화흡수가 편안하게 진행된다.

여기에서는 누룽지탕과 함께 현미발효식초 음료를 소개하고자 한다. 신맛은 입맛이 떨어졌을 때 침 분비를 늘리고 입맛을 돋운다. 식초 자체의 강력한 항암 효과나 암 치료 효과에 대해서는 아직 연구 진행 중이지만 식초의 신맛은 입맛을 돋우는 능력이 있고, 침 분비를 일으켜 식사를 편하게 할 수 있도록 돕는다. 현미발효식초는 다른 식초와 달리 전통 방식으로 만드는데, 숙성시키는 과정에서 점점 감칠맛이 생겨난다. 즉, 현미발효식초에는 신맛과 감칠맛이 모두 들어 있다. 신맛과 감칠맛은 침 분비를 촉진하므로 현미발효식초로 만든 음료를 조금씩 입에 적시면서 식사를 하면 소화에 도움이 된다.

누룽지탕에는 볶은 아마씨를 첨가하였다. 아마씨는 불포화지방산이 풍부하며, 다양한 무기질과 식이섬유를 함유하고 있다. 불포화지방산

| 불포화지방산이 풍부한 아마씨

은 우리 몸에 꼭 필요한 필수지방산으로 식사량을 줄이거나 곡류 위주의 식사만 하게 되면 몸속의 필수지방산이 부족해질 수 있어 식사를 통해 꼭 공급해 주어야 한다. 이때 아마씨 같은 지질이 풍부한 곡류를 조금 곁들여 먹는 것이 좋다. 생 아마씨를 밥에 넣어 아마씨밥을 만들어 먹는 것도 좋지만 볶은 아마씨를 누룽지에 넣어서 같이 먹는 방법을 권한다. 볶은 아마씨의 고소함이 누룽지의 구수함과 더해져 입맛을 올리는 데 더욱 효과적이기 때문이다.

환자들의 빠른 회복을 기원하는

아마씨를 넣은 누룽지탕 & 현미발효식초

재료 및 분량

〈1인분 기준〉
- 시판 누룽지 70g
- 생수 700ml
- 현미발효식초
- 볶은 아마씨

만드는 법

1. 시판 누룽지를 잘게 부순다. 이때 누룽지를 많이 부술수록 소화는 쉽지만 입에서 씹는 느낌이 부족해지므로 취향에 맞게 사이즈를 조절한다.
2. 냄비에 부순 누룽지와 물을 넣고 가열하면서 저어 준다.
3. 누룽지가 물을 흡수하여 딱딱함이 사라지면 그릇으로 옮긴다.
4. 볶은 아마씨를 따로 준비하여 조금씩 누룽지에 섞어 가며 먹는다.
5. 현미발효식초와 물을 1 : 9의 비율로 섞어 음료를 만든다.

> **TIP**
> * 누룽지를 끓일 때 물을 약간 부족하게 붓고 끓이다가 물을 보충하면 구수함이 더해진다.
> * 현미발효식초는 식초와 물만 조합하는 것을 권하지만, 기호에 따라 꿀, 설탕, 시럽 등을 조금 넣어 단맛을 추가해도 좋다.

밥 냄새여, 안녕!
안남미카레밥

　음식은 사람이 만든 문화 중에서도 가장 보수적이라 할 수 있다. 그리고 그 보수성의 핵심에는 '기억'이 있다. 우리는 과거에 맛있게 먹었던 음식의 맛을 오랫동안 기억한다. 그래서 오랜 세월이 흘러도 예전에 맛이 그대로 유지될 때 "와, 옛날에 먹었던 맛 그대로야!"라는 감탄이 절로 나온다. 이 한마디야말로 음식의 보수성을 가장 잘 보여주는 표현이라 생각된다. 밥을 주식으로 하는 민족이 밥을 버리고 빵으로, 빵을 주식으로 하는 민족이 빵을 버리고 밥으로 주식을 바꾸는 일은 매우 드물다. 최소 조선시대 후기인 200년 전부터 지금까지 우리나라의 주식은 변함없이 쌀을 이용한 밥이었다.

　밥을 만드는 쌀의 종류에는 자포니카 종과 인디카 종이 있다. 자포니카 종은 우리나라와 일본 등에서 먹는 품종으로 전 세계 쌀 생산량의 10% 정도밖에 되지 않으며, 냄새가 적고 찰기가 많아 잘 뭉치는 특성이 있다. 인디카 종은 인도, 동남아시아 등 열대, 아열대 기후에서 잘 자라는 품종으로 전 세계 생산량의 90%를 차지하는 쌀의 주요 품종이다. 자포니카 종과 달리 냄새가 강하고 찰기가 없어 잘 흩어지는 특성이 있다.

우리 입맛은 오래전부터 자포니카 쌀에 맞추어져 왔고, 지금도 집밥뿐만 아니라 밖에서 사먹는 대부분의 음식에서 습관적으로 섭취하고 있다. 그런데 2000년대 이후 해외여행이 일상화되면서 이전에는 없던 변화가 나타났다. 안남미라고 불리며 우리나라 사람들에게 거부되었던 인디카 쌀밥을 찾는 일들이 생겨난 것이다. 태국, 필리핀, 베트남 등 동남아지역을 여행하면서 먹었던 음식이 한번씩 생각나고 찾아 먹게 되면서 그 음식에 어울리는 인디카 쌀밥을 먹고 싶게 된 것 같다.

이번 레시피에서는 '안남미카레밥'을 소개한다. 인도요리인 카레는 인디카 쌀밥으로 만들어 먹었을 때 균형감과 식감이 좋다. 카레 같은 향신료가 많이 들어간 소스를 인디카 쌀밥과 같이 먹으면 밥의 냄새도 잡히고 뭉치지 않아 밥알 사이사이에 카레가 잘 스며들어 맛도 좋아진다.

| 우리나라 카레

| 인도 카레

카레의 주성분인 강황 또는 울금에는 커큐민(Curcumin)이라는 성분이 풍부한데, 커큐민은 항균력과 항산화력이 강한 생리활성물질이다. 쌀밥을 현미로 먹지 않고 백미로 먹을 경우 도정 과정 중 다양한 생리활성물질이 제거되는데, 이를 카레로 보충해 주면 영양적 균형이 맞춰지고 생리활성능력도 강화되는 장점이 있다.

우리 쌀이 우리에겐 최고의 쌀이지만 다른 나라의 쌀도 그 나라 사람들에겐 한없이 소중한 쌀임을 인정하면서, 우리나라 기후도 점점 아열대처럼 되어 가는 상황에서 언젠가 인디카 종 벼도 우리나라에서 재배되지 않을까 하는 상상을 해 보았다. 아니나 다를까, 2025년 8월 전남 해남군에서 기후변화 시대에 발맞춰 인디카 쌀을 시험재배한다는 기사를 읽게 되었다. 인디카 쌀 재배에 적합한 기후를 바탕으로 남는 농지를 시범단지로 조성하고, 이상기후에 강한 벼의 재배기술과 고품

| 항균력을 높여 주는 식품

질 쌀을 생산하겠다는 계획을 세우고 있다는 내용이었다. '한국산 인디카 1호 IPS'라 이름 붙여진 이 종은 이미 지난해부터 재배를 시작했고, 우선 올해 미국으로 2톤을 수출하여 시장성을 확인 중이며, 대형 식품 업체와 함께 즉석밥 제품도 개발 중이라고 한다. 국내 쌀 소비가 줄고 기후가 점점 변해가는 이 시점에서 해외 시장과 가공용 수요를 잡기 위한 자연스러운 변화는 계속 이어질 것 같다.

카레와 관련된 몇 가지 흥미로운 이야기

1. 오른쪽 사진은 우리나라에서 시판되는 대표적 카레 상품 '쇠고기카레'이다. 사실 카레는 인도의 주식인데, 인도는 힌두교를 믿는 나라로 사람이 굶어 죽어도 소는 절대로 먹지 않는 나라, 즉 소를 숭상하는 나라이다. 그러니 인도에는 '쇠고기 카레'라는 음식이 아예 없는 것이다. 우리에게는 너무나 익숙한 쇠고기 카레를 인도에서는 먹을 수 없다는 사실이 놀랍기만 하다.

2. 카레의 본고장 인도에서는 온갖 향신료를 조합하여 카레를 만들지만 우리나라에서는 분말이나 고형의 카레를 물에 풀어서 만든다. 우리가 알고 있는 카레의 모습은 사실 대부분 일본에서 만들어진 것이다. 일본에서 제작된 애니메이션이나 드라마 등을 보면 카레를 만들어 먹는 장면이 자주 나오는데, 일본의 카레에 대한 자부심과 사랑은 인도만큼이나 높은 것 같다.

3. 강황과 울금의 차이를 알고 있는가? 강황과 울금은 카레에 들어가는 가장 중요한 향신료이다. 강황은 항산화 성분이 풍부하고 항암능력이 뛰어난 식재료로 알려져 있으며, 카레의 노란색도 강황 때문이다. 식품의약품안전처에서는 강황 작물의 뿌리줄기를 강황, 덩이뿌리를 울금이라 정의하고 있다. 한의학에서는 강황을 따뜻한 성질, 울금을 서늘한 성질

| 카레의 주성분 강황가루

로 정반대의 약성을 갖고 있는 것으로 보고, 몸이 찬 사람에게는 강황을 권하고 열이 많은 사람에게는 울금을 권하고 있다. 하지만 강황과 울금을 구분하는 제대로 된 기준이 없어 재배농가마저 혼동이 큰 상태이다. 현재 우리나라의 유통시장에서 강황은 외국에서 수입한 것을 지칭하고, 울금은 강황을 우리나라에서 재배한 것을 지칭하며, 진도 등지에서 재배되고 있다. 외국에서 수입된 강황이 우리나라에서 재배된 울금보다 맛과 향이 강하다고 하여 맛과 향이 강한 것은 강황, 약한 것은 울금이라 말하는 사람들도 있는데, 그다지 설득력 있는 말은 아니다. 우리는 소비자 입장에서 '수입하면 강황, 국내에서 재배하면 울금'으로만 기억해도 괜찮을 것 같다.

항균력과 항산화력 강화로 젊어지는

안남미카레밥

재료 및 분량

- 안남미 200g
- 생수 1L 이상
- 카레(직접 만든 카레 또는 레토르트 카레)

만드는 법

1. 냄비나 솥에 물을 넣고 끓인다.
2. 물이 끓으면 안남미를 넣는다.
3. 뚜껑을 열고 가끔 저어 주면서 안남미가 익을 때까지 끓인다.
4. 안남미가 익으면 쌀 높이 정도까지 물을 남기고 나머지 물은 버린다.
5. 뚜껑을 닫고 약한 불로 5~10분 동안 뜸을 들인다.
6. 불을 끄고 뚜껑을 열어 김을 한숨 뺀다.
7. 주걱으로 밥을 잘 젓고 직접 만든 카레나 레토르트 카레를 곁들여 먹는다.

> **TIP**
> * 쌀을 끓일 때 거품이 너무 많이 생길 경우 식용유를 1~2숟가락 정도 넣어 주면 거품이 생기는 것을 방지할 수 있다.
> * 6분 정도 끓이면 밥이 꼬들꼬들해지고 9분 이상 끓이면 밥이 질어지므로 취향에 맞게 시간을 조절하도록 한다.

곡식이 자라는 곳에 평화가 있다.

- 중국 속담 -

CHAPTER 03

최상의 궁합, 한상

대한민국 음식의 화려함과 맛의 정점
전라북도 전주의 한정식

　우리나라의 전통 한식 최고의 3대 도시를 고른다면 개성, 서울 그리고 전주를 꼽을 수 있다. 개성음식은 고려시대 수도인 개성의 전통음식으로, 고려 때부터 내려오던 북방의 음식 문화가 남아 있어 담백하면서 수수한 음식으로 알려져 있다. 서울음식은 조선시대 수도인 한양(서울)의 전통음식으로, 유교적 가르침에서 기인하며 팔도에서 공수된 다양한 식재료를 사용한 고급 음식으로 궁중요리가 대표적이다. 전주는 남도의 음식 문화가 남아 있는 도시로, 음식의 맛과 화려함이 3개 도시 중 단연 최고라 할 수 있다. 전주 지역은 산과 들 그리고 바다에 인접

| 개성음식

| 서울음식

하여 다양한 식재료가 넘쳐 나며, 소금과 장류의 공급이 용이하여 젓갈과 조림, 찌개, 국 등 우리가 알고 있는 전통음식을 거의 다 만들 수 있는 곳이다. 그래서인지 전주에는 유명한 음식이 너무나도 많다. 전주비빔밥, 전주콩나물국밥, 전주막걸리 한상, 전주피순대, 전주한정식 등 모두 개성 있고 맛있는 음식들이다. 그래서 전주에 가면 어느 식당이나 들어가 아무거나 시켜 먹어도 다 맛있다는 이야기가 있을 정도이다.

한국인에게 있어서 '한정식'은 어떤 의미일까? 한정식은 격식을 갖추는 자리, 특별한 날에 먹는 음식으로 생각되는 게 보편적일 것이다. 필자는 한정식 하면 상견례가 떠오른다. 예비 신랑과 신부의 양가 부모님이 처음 만나는 자리인 상견례는 매우 중요한 자리이다. 새로운 가정을 만드는 시작점이고 장성한 자녀를 독립시키는 종결점이기도 하다. 이런 상견례 자리로 가장 많이 선택되는 곳이 바로 한정식집이다. 왜 그런지는 정확히 잘 모르겠으나, 근대화 이전 사대부 같은 귀족들이 먹던 고급 음식을 먹으며 서로 축하하려 했던 것은 아닌지 추측할 뿐이다.

필자는 한정식 하면 전주한정식이 떠오른다. 일단 전주한정식은 화려하다. 소고기, 전복, 새우, 다양한 버섯 등 일상의 가정집에서는 접하기 힘든 식재료를 사용할 뿐 아니라, 음식을 담는 그릇 역시 사기그릇이나 놋그릇을 사용한다. 필자가 한정식에 꼭 포함되어야 한다고 생각하는 음식이 하나 있는데, 그것은 바로 '신선로'이다. 신선로는 궁중음식에 속하는 요리로, 원래 명칭은 '열구자탕'이며 신선로는 열구자탕의 그릇을 칭하는 말이다. 다채로운 재료를 돌려 담아 색이 화려하고 신선한 재료 각각의 맛과 조화를 이루는 것이 포인트인 신선로는 한정식의 화룡정점이라 하겠다.

전주는 유네스코 음식창의도시로 선정되었고, 전주비빔밥의 유네스코 등재를 추진하고 있다. K-푸드가 각광받는 현 시점에서 K-푸드의 진수를 느끼고 싶어 하는 외국 친구들이 있다면 일단 전주에 가서 전주한정식을 한상 푸짐하게 먹어 보라고 권하고 싶다. 그렇게 한다면 두말 필요 없이 한국 전통 고급 음식의 모든 것을 밥상 한상에서 알 수 있을 것이리라.

필자는 책의 집필을 위해 전주로 달려가서 한정식 식당을 찾았다. 전주한정식은 서울과 거리가 멀어 필자가 몇 년에 한 번 일삼아 전주를 방문하였을 때 맛보거나 대접받는 음식이기에 딱히 단골이라 할 식당이 없었으므로 전주에 도착한 후 곧장 한정식 식당을 검색했다. 선택 기준은 딱 하나, '저렴한 가격에 신선로가 나오는가'였다. 한정식으로 유명한 식당은 전주한옥마을 근처에 위치하는 경우가 많은데, 이번에는 좀 외진 곳을 선택해 보았다.

역시 전주 한정식다웠다. 한상 위에 차려진 찬의 종류가 많고 화려했다. 신선로를 시작으로 소갈비찜, 황태달걀탕, 생선회와 육회, 전복, 육

| 전주한정식 한상 차림

전과 홍우럭탕수, 떡갈비와 해파리냉채, 양념게장과 잡채까지 육해공이 모두 모여 있었다. 음식 하나하나마다 노력과 정성이 듬뿍 들어간 것이 여실히 느껴졌다. 필자가 마지막으로 전주한정식을 먹은 것이 대략 10년 전쯤이었던 것 같다. 10년이면 강산이 변하고 당연히 필자의 입맛도 변했을 텐데, 전주한정식에서만 맛볼 수 있는 '압도미'는 여전했다. 이번 전주 방문은 책의 집필을 위해 급하게 계획된 것이었기에, 조만간 전주를 방문하여 여유를 가지고 전주한정식의 강렬한 카리스마를 다시 한 번 느끼고 싶다.

경상도 음식문화의 메카, 유교 음식문화의 집대성
경상북도 안동의 헛제삿밥

　안동은 경상북도에 위치한 작은 도시지만 문화적 가치로 보았을 때 이루 말할 수 없이 거대하다. 유교문화를 상징하는 '병산서원'과 '하회마을' 같은 유형적인 공간들이 유네스코 세계유산으로 등재되어 있으며, '하회탈'과 '탈춤' 같은 전통문화의 깊이도 상당히 깊다. 이런 역사적인 면 외에 음식문화에서도 안동을 빼놓을 수 없다. 안동간고등어, 안동식혜, 안동찜닭, 안동국시, 안동소주, 안동한우 등이 안동을 대표하는 먹거리이며, 그 수는 세계유산에 등재된 먹거리의 도시 전주 못지않게 정말 많다. 이 중 필자가 다룰 안동의 음식은 바로 안동의 '헛제삿밥'이다.

　유교에서 제사는 매우 중요한 행사이다. 저녁 회식이나 모임이 있을 때 불참의 이유로 "오늘이 할아버지 제사야."라고 하면 다른 사람들이 납득할 정도이니 말이다. 제사상은 조상의 혼이 와서 먹는다는 생각으로 준비하는 음식이기 때문에 꼭 피해야 하는 조건이 하나 있다. 그것은

| 헛제삿밥 한상 차림

바로 고춧가루 같은 붉은색 계열을 사용해서는 안 된다는 것이다. 위의 헛제삿밥 사진에서도 김치류를 제외하고는 국, 나물, 전 등에 모두 붉은 기운이 없는 것을 볼 수 있다.

　　붉은색을 사용하지 않는 것은 음양오행 이론에서 그 이유를 찾을 수 있다. 음양오행 이론에 따르면 세상을 구성하는 것은 음과 양이며 음은 밤, 달, 죽은 자의 영혼, 귀신 등을 상징한다. 제사를 밤에 지내는 이유는 영혼이 음의 존재이고, 음의 시간인 밤에 활동한다고 생각했기 때문이다. 반대로 양은 낮, 태양, 남자 등을 상징하며, 양을 상징하는 색은 붉은색이다. 제사상에 붉은색 음식을 올리지 않는 이유는 붉은색이 있으면 양의 기운 때문에 음의 영혼들이 제사상 근처에 오지 못하여 음식을 먹을 수 없다고 생각했기 때문이다.

차례상에 올라가는 음식은 귀하고 비싼 재료로 정성스럽게 만든다. 그런 음식 중 하나가 '전'이다. 전은 기름에 부쳐 내는 명절 음식으로, 지금은 흔한 음식일지 모르지만 과거에는 정말 귀했던 음식이다. 전이 과거에 귀했던 이유는 바로 부칠 때 사용하는 기름 때문이었다. 지금은 식용유를 쉽게 구매할 수 있지만, 식용유가 들어오기 전인 100년 전에는 전을 부치기 위해 기름을 준비하는 것이 너무나 힘든 일이었다. 조선시대에는 참깨, 들깨 등의 씨앗에서 추출한 기름을 이용하여 음식을 만들었는데, 기름을 만들기 위해 사용되는 씨앗의 양이 너무 많아 지금처럼 마음대로 기름을 사용하기가 힘들었다. 우리나라 음식이 주로 탕과 찜 같은 물을 가열매체로 사용한 이유도 기름을 구하기 어려웠기 때문이다. 과거 기록에는 나라에서 씨앗 사용을 줄이기 위해 기름의 소비를 제한했다는 내용도 자주 볼 수 있다.

전 중에서도 가장 귀한 것이 바로 '육전'이다. 그 이유는 육전에 소고기가 사용되었기 때문인데, 조선시대 당시 기름보다 더 귀한 식재료가 소고기였다. 당시는 소를 식재료로 인식하기보다 농업을 위한 중요한 노동력의 이미지로 보았기에 일반 백성들이 소고기를 맛보는 것은 극히 드문 일이었다. 하지만 부자들과 양반들은 일상에서 소고기를 먹는 경우가 많았다. 이런 소고기의 일상 섭취를 막기 위해 소고기 섭취를 제한하는 법도 있었고, 이를 어길 시 벼슬을 파하고 재산을 몰수하는 등의 벌칙도 존재하였다. 이렇게 귀한 기름과 소고기로 만든 육전 한 접시는

| 헛제삿밥에 올리는 돔배기

당시로는 정말 귀함의 정도를 말로 표현하지 못할 만큼의 음식이었다. 명절이 아니면 이런 음식은 만들어 먹는 것 자체가 불법이었지만, 유교를 숭상하는 조선은 명절과 제사 때만 이를 눈감아 주었다.

차례상에 올라가는 몇몇 음식은 지역적으로 차이를 보인다. 안동과 같은 경상도 지역은 상어(돔배기)와 문어를 올리고, 전라도 지역은 홍어, 병어, 꼬막 등의 해산물을 올리기도 하며, 강원도는 감자전과 명태전을 올린다. 서울·경기는 신선한 해산물을 구하기 힘들어 북어나 황태를 올리기도 하였고, 충청도는 지역의 특성상 인접 지역의 특산품을 사용하는 경우도 많았다고 한다.

우리나라에는 「건전가정의례준칙」이라는 규칙이 있다. 이 규칙은 혼인식, 장례식, 제사 등 가정에서 치러야 하는 관혼상제에 대한 기준을 제시하고 있으며 과도한 제사상 음식을 줄이고 실속적인 음식으로 대체하는 내용도 포함되어 있다. 현대화되는 과정에서 조금씩 수정되었기는 하였으나 지금도 여전히 존재하여 효력을 보이고 있다. 그러나 매년 차례나 제사를 지내지 않는 가정이 계속 늘어나고 차례 음식이나 제사 음식이라는 개념 자체도 급속히 약해져 가는 현재를 보면「건전가정의례준칙」도 존폐에 대해 고려해 볼만한 시점이 도래한 것 같아 격세지감이 느껴진다.

제사상과 차례상에 대해 잘 모르는 사람들이 점점 더 많아지는 사회 분위기 속에서 당연히 안동의 헛제삿밥에 대해서도 잘 모르는 사람들이 많을 것이다. 제삿밥에 대해 잘 아는 이들도 죽은 자들이 먹는 음식이라 하여 멀리하고, 젊은 사람들은 일반 한정식이나 백반과 무슨 차이가 있는지 몰라서 선호하지 않는다. 유교의 전통을 중시하는 안동에서만이라도 헛제삿밥을 더 가꾸고 발달시켜 30년 후에도 곳곳에서 쉽게 제삿밥을 먹어볼 수 있으면 좋겠다는 생각이 든다.

현재 안동의 헛제삿밥 음식점은 안동댐과 안동하회마을 근처에 있다. 안동에 간다면 꼭 헛제삿밥을 먹어 볼 것을 추천한다. 참고로 제사상에 올리는 것과 같게 전이 차게 나오므로 놀라지 않기를 바란다. 그 외에도 따뜻한 탕국과 맛있는 나물비빔밥, 안동식혜를 즐기며 경상북도 음식문화를 제대로 느껴보자.

천 년 넘게 내려온 불교의 맛
서울의 진관사 사찰음식

밥상은 단순히 음식물의 집합체가 아니다. 음식을 만들어 상 위에 올리면 밥상이 된다고 생각하는 사람들도 있겠지만, 실제로 밥상에는 한 나라가 추구하는 철학, 한 가정의 가풍, 종교적 교리가 표현되는 경우가 많다. 예를 들면 미국에는 패스트푸드(Fast Food)와 가공식품이 발달하였는데, 그 이유는 효율을 중시하는 '실용주의=프래그머티즘'이 미국의 근간이 되는 철학이었기 때문이다. 실용주의는 일을 효율적으로 처리하기 위해 최대한 노력하자는 주의이다. 그런 관점에서 볼 때 빠른 식사 준비와 빠른 배식, 짧은 식사 시간은 식사의 효율적인 면에서 매우 중요했다.

식사의 효율을 극대화하기 위해 3~4분 만에 가열과 조리를 끝내는 인스턴트 식품, 미리 만들어 놓았다가 주문이 들어오면 바로 제공하는 패스트푸드, 가지고 다니면서 어디서든 쉽게 음식을 섭취할 수 있는 토

| 인스턴트 식품

스트나 핫도그 같은 개별포장식품 등이 미국의 한 끼가 되었다. 이와 같은 효율적 식사는 미국을 세계 최강의 패권 국가로 만들었고, 현재 세계 여러 나라가 따라 하고 있으며 한국도 그중 하나이다.

그러나 효율적인 면만 강조한 미국식 식습관은 비만과 성인병의 원인으로 지목받게 되었다. 인간 본연의 인간미를 약화시켰고, 심리적 안정감을 주지 못하여 우울증이나 자살충동 같은 여러 병폐를 낳았다는 분석도 제기되었다. 이런 병폐를 극복하기 위해 패스트(Fast)푸드의 반대인 슬로(Slow)푸드 운동이 펼쳐졌는데, 대표적인 모델이 바로 불교 사찰음식이다.

앞에서 언급한 것처럼 밥상에 강력한 영향을 미치는 요인 중 하나가 종교적 교리이다. 이는 대부분의 종교에서 나타나는 현상이다. 이슬람은 돼지고기와 술을 먹지 않고 라마단 기간을 지키며 힌두교는 소고기를 먹지 않고, 일부 종교에서는 뼈 없는 생선의 섭취를 금지시켜 새우, 게, 오징어, 문어 등을 먹지 않기도 한다. 불교 역시 몇 가지 음식의 섭취에 제한이 있으며 식단은 크게 두 가지 원칙을 철저하게 지킨다.

> 첫째, 살생을 통한 식재료는 사용하지 않는다.
> 둘째, 승려의 수행을 방해하는 오신채를 사용하지 않는다.

승려들은 교리에 따라 살생한 것은 먹지 않는다. 이에 따라 동물성 식재료를 오랫동안 섭취하지 않게 되어 단백질 결핍이라는 문제에 직면하게 된다. 단백질은 양적으로 많이 먹는 것도 중요하지만 양질의 단백질을 섭취하는 것이 매우 중요한데, 양질의 단백질은 대부분 육류와 생선류 같은 동물성인 경우가 많다. 이를 극복하기 위해 사찰음식

| 대두로 만드는 두부와 두유

에는 콩을 적극적으로 사용한다. 대두와 같은 콩류는 단백질 함량이 20~30%로 높을 뿐 아니라 양질의 단백질원이다. 흔히 대두를 '밭에서 나는 소고기'라 표현하는데, 실제로 대두는 단백질 함량과 단백가가 소고기와 비슷하다. 소고기를 대신하여 사찰에서는 밥에 콩을 넣어 콩밥을 만들고, 거기에 잡곡을 더 추가하여 단백질을 섭취한다. 또 일상에서 두부를 자주 섭취하고 된장을 이용하는 국물 요리도 자주 만들어 먹는다.

오신채는 마늘, 부추, 파, 달래, 홍거(아위)를 지칭하는 말로, 대부분 향신료로 사용되어 맛과 향을 강하게 하는 채소들이다. 오신채는 날 것으로 먹으면 화를 잘 나게 하고 익혀 먹으면 음란한 마음이 들게 한다는 이유로 불교에서는 사용을 금하고 있다. 맛에 대한 아주 작은 집착이라도 생기면 수행에 방해가 될 수 있기 때문이다. 전 세계에서 한국인 하면 마늘을 떠올릴 정도로 마늘을 가장 많이 섭취하는 나라가 우리나라이다. 요리에 풍미를 더해 주는 재료가 마늘인지라 거의 모든 음식에 빠지지 않고 들어가는데, 마늘 섭취를 금한다면 우리가 실제로 만들어 먹을 수 있는 음식 수가 얼마나 될까 싶다.

| 오신채

사찰음식에서는 오신채의 빈자리를 고추로 채우는 경우가 많다. 고춧가루로 양념을 하거나 고추채를 이용하여 나물을 만들어 먹는다. 고추의 얼얼한 매운 맛이 오신채를 대신하여 음식의 맛과 향을 보충해 준다. 후추 역시 오신채에 포함되지 않아 음식을 만들 때 종종 사용한다. 또한, 인공조미료를 쓰지 않고 천연조미료를 사용하여 영양상 불균형을 해소하고 음식의 풍미를 더해 준다.

　오신채를 먹지 않아 발생하는 문제는 면역력 저하라 할 수 있다. 오신채는 항균력과 항산화력 등이 매우 강한 채소로, 환절기 몸의 면역력이 떨어질 때 오신채를 먹으면 면역력이 올라간다. 그렇다면 오신채를 먹지 않는 스님들은 면역력을 지키기 위해 무엇을 먹었을까? 다양한 방법이 있었겠지만 식재료 관점에서 보면 산에서 쉽게 채취할 수 있는 자연산 버섯이 오신채의 기능을 대신했을 것으로 짐작된다. 버섯에는 베타글루칸(β-glucan)과 같은 항균성분이 풍부하기 때문이다.

| 베타글루칸이 풍부한 버섯

사찰은 대부분 산에 위치하고 있어 음식의 재료를 대체로 산이나 들에서 공수한다. 추운 겨울이 되면 식재료를 구하기 어려워 긴 겨울을 나기 위한 방법으로 장아찌류와 절임음식, 김치, 된장, 고추장 등 저장음식과 발효음식이 발달하였다. 또 아무 때나 약국을 찾기 어려웠기에 산초, 쑥, 칡 등 약이 될 수 있는 다양한 약용식품을 연구하고 만들어 먹기도 하였다.

이번에 필자가 방문한 진관사는 서울 은평구에 위치한 사찰로 고려 8대 임금 현종 2년(1011)에 건립된 천년 고찰이다. 매년 수륙대재를 주관하는 사찰로 유명하며, 수륙대재에 사용하는 음식들이 사찰음식의 대표 음식으로 평가받고 있다. 최근에는 여러 외국 정상이나 귀빈이 방문하여 사찰문화와 사찰음식을 체험하는 공식행사들이 진행되기도 하였으며, 유명 셰프들이 요리법을 배우기 위해 자주 찾는다고 한다.

| 진관사 국행수륙재

| 진관사 사찰음식 한상 차림

　진관사에서 공양한 사찰음식을 보면 콩, 잡곡, 쌀로 만든 혼식 밥과 콩나물무침, 오이무침, 무무침, 고추채무침, 버섯전과 두부가 반찬으로 나왔고, 호박과 버섯을 넣은 감자수제비가 국으로 제공되었다. 건강에 좋고 몸에 맞는 자연친화형 음식을 경험함으로써 다양성을 추구하는 불교의 깊은 교리를 깨닫는 동시에 생명을 존중하는 삶에 대해 생각해 보는 소중한 시간을 가질 수 있었다.

밥 한 공기만 있으면 완벽해지는 여름의 맛
경상북도 포항의 물회

　우리나라는 다양한 음식이 전국 방방곡곡에 존재한다. 이렇게나 좁은 땅덩어리에 산악 지형, 평야 지형, 강도 있고 바다도 있어서 식재료가 다양하니 음식도 다양한 것은 당연지사이다. 날씨는 또 어떤가? 봄, 여름, 가을, 겨울 사계절의 차이가 극명하다. 그래서인지 음식의 종류도 뜨거운 온면부터 차가운 냉면까지, 생선도 뜨거운 매운탕부터 시원한 생선회까지 계절만큼이나 극과 극이다. 그런데 이런 음식의 다양성만큼 우리를 당황스럽게 하는 것이 있다. 그것은 바로 같은 이름을 사용하는 서로 다른 음식들의 존재이다.

　예전부터 외국인들에게 우리나라의 어떤 음식을 알고 있는지 물어보면 제일 많이 답하는 음식이 바로 '불고기'이다. 미국에 가면 'Bulgogi' 메뉴를 판매하는 식당들도 있고, 외국 관광객이 한국에 오면 꼭 먹는 음식 중 하나가 바로 불고기이기도 하다. 그런데 지금 이 글을 읽는 독자들의

| 서울식 불고기

| 광양식 불고기

| 언양식 불고기

머릿속에 떠오르는 불고기는 어떤 불고기일지 궁금하다. 불고기판 위에서 살짝 구워 익은 고기를 먹고, 옆에 있는 국물은 밥에 비벼 먹는 전골 형식의 서울식 불고기일까? 숯불이나 연탄불을 화기로 사용하여 석쇠 위에서 지글지글 삼겹살 먹듯이 구워 먹는 광양식 불고기일까? 아니면 떡갈비나 너비아니처럼 두드려서 펼친 고기 위에 버섯을 올려 석쇠에 구워 나오는 언양식 불고기일까?

위의 세 가지 모두 불고기이다. 그런데 세 불고기의 차이를 아는 사람이 몇이나 될까? 과거 학술발표 자리에서 우연히 만났던 한 박사님의 논문 내용이 바로 한국 불고기 종류에 대한 것이었다. 각 불고기의 기원과 차이점 등을 발표를 통해 알려 주셨는데, 불고기라는 음식에 대해 내가 얼마나 무지했던가를 알게 된 정말 충격적인 사건이었다. 서울식 불고기는 특유의 불판을 사용하는데, 이 불판이 1960년대에 특허를 받았고 그 이후에 널리 전파되어 다른 불고기보다 대중화가 늦게 된 것이라는 사실도 알게 되었다. 불고기 하면 서울식만 생각하고 그것이 당연히 불고기의 원조라 생각해 왔던 서울 촌놈이 받은 충격은 제법 컸다.

이런 혼란을 가중시키는 음식이 하나 더 있으니 그것은 바로 '물회'이다. 일반적으로 물회는 여름철에 시원하게 한 그릇 뚝딱 마시는 국물 속에 다양한 해산물이 들어 있는 음식으로 알려져 있다. 입맛도 없는 더운 여름, 냉콩국수와 물회 만한 여름 음식은 없을 것이다. 그런데 이 물회도 일반 물회와 포항식 물회로 나뉜다.

속초식 물회는 일반 물회의 대표 격으로 국물이 많고 시원한 특징이 있다. 양념한 국물 속에 생선, 해삼, 문어, 멍게 등 다양한 해산물을 넣고 소면을 말아 먹는다. 이 속초식 물회에 밥을 말아 먹는 사람은 거의 없다. 당연히 물회에 시원한 해산물이 들어 있으니 뜨거운 밥은 어울리지 않는다고 생각한다. 하지만 건더기를 다 먹고 국물만 남아 있을 때, 국물에 흰쌀밥 한 그릇을 말아 후루룩 마시듯 먹으면 예상치 못한 맛에 놀란다. 밥알이 국물의 양념 맛을 빨아들여 밥알 자체로도 맛있고, 국물의 냉기 때문에 식은 밥알의 꼬들꼬들한 식감마저 맛있다. 식당에 따라

| 속초식 물회

서는 해산물과 물회 국물을 따로 주기도 하는데, 마치 따로국밥 같다는 생각이 든다.

포항식 물회는 속초식 물회보다 좀 더 아저씨스럽다. 투박스럽다는 표현이 더 어울리는 것도 같다. 그도 그럴 것이 그냥 회를 세꼬시로 잘게 썰고, 오이와 배를 가볍게 곁들이면 먹을 준비 끝이다. 여기에 초장을 넣고 슥슥 비벼서 회덮밥처럼 먹기도 하고, 먹다가 맹물을 넣고 고추장을 풀어서 바로 물회처럼 후루룩 마시듯 먹을 수도 있다. 아마도 바닷일 하던 어부들이 끼니를 제때 해결하지 못해, 잡은 물고기를 마구 잘게 썰어서 초장과 고추장을 넣어 버무려 먹다가 퍽퍽해서 물을 부어 먹었던 것에서 유래된 것이 아닌가 싶다.

개인적으로 필자는 포항식 물회를 더 좋아한다. 그 이유는 흰밥과 잘 어울리고 먹는 방법을 선택해서 먹을 수 있기 때문이다. 회와 채소

| 포항식 물회

만 비벼서 회무침처럼 먹어도 되고, 여기에 밥을 추가하여 회덮밥처럼 먹어도 된다. 고추장과 물을 넣어서 물회로 먹다가 밥을 말아 냉국처럼 먹어도 된다. 물회는 영양학적으로 보았을 때 탄수화물의 비중이 낮은데, 여름철에는 체온과 기력을 유지하기 위해 에너지를 내는 탄수화물의 섭취가 꼭 필요하다. 여름철 물회와 밥의 조화가 필요한 이유가 이것이다. 과거 어부가 고단한 뱃일 중 허기를 달래기 위해 편하고 쉽게 만들어 먹었던 포항식 물회와 밥 한 그릇. 분명 어부에게는 행복한 쌀밥 한상이었으리라.

포항에 가면 포항식 물회 식당을 쉽게 찾을 수 있다. 식당마다 각자의 양념과 스타일이 조금씩 달라서 골라 먹는 재미가 있다. 필자는 우

| 포항전통물회 식당의 도다리&세꼬시 물회 한상 차림

연히 발견한 '포항전통물회' 식당에 들어가 도다리 & 세꼬시 물회를 주문했다. 식당인지 민박집인지 구분하기 조금 애매한 외관을 가진 부부가 운영하는 작은 식당이었고, 물회는 그냥 아는 형이 횟감 잡아서 만들어 준 것 같은 비주얼이었지만 필자의 입맛에 딱 맞는 맛있고 만족스러웠던 쌀밥 한상이었다.

서민 밥상의 대표주자, 서민의 소울 푸드
충청남도 천안의 순댓국

최근 한국 음식문화는 세계적인 K-푸드 흥행에 힘입어 떡볶이, 튀김, 붕어빵, 어묵 같은 길거리 음식이 많이 소개되고 있지만 불과 20년 전만 하더라도 이런 음식이 한국을 대표하는 음식이 될 거라 생각한 사람은 극히 드물었다. 당시 필자는 개인적으로 호두과자, 호떡, 붕어빵, 달걀빵 같은 길거리 주전부리가 세계적으로 경쟁력이 있다 생각했고, 제과제빵을 배우는 학생들에게 수업 중에 이런 사실을 강력하게 주장했지만, 외국의 화려한 빵, 케이크, 과자류에 쏠려 있는 학생들의 관심을 돌릴 수는 없었다.

사실 한국을 대표하는 불고기, 갈비, 구절판 등의 음식은 사대부 같은 부자들의 입맛에 맞는 고급 음식이었다. 그에 비해 서민의 한 끼를 해결하는 밥상인 순댓국은 시작부터 서민의 곁에 있던 음식이었다. 순대의 기원은 정확하진 않지만 외국에서 전해졌을 것으로 짐작되며, 특

| 오징어순대(좌)와 아바이순대(우)

히 가축을 키워서 식용으로 먹던 북방민족에게서 전해졌을 것이라는 가설이 신빙성 있다. 과거 순대 소를 넣는 기계가 없던 시절, 함경도와 평안도 사람들이 웃어른의 생신 전날에 밤을 새워 돼지 창자 속에 소를 넣어서 순대를 만들었다는 기록과 지금도 북쪽에서 내려온 분들이 오징어순대, 아바이순대 같은 순대를 직접 만들어 먹는 것을 보았을 때, 순대는 중부나 남부보다는 북쪽 지역의 일상에서 먹은 음식으로 짐작되기 때문이다.

우리가 흔히 먹는 당면순대의 경우는 1970년대에 보급되기 시작하였다. 순대의 소를 당면으로 만들어 돼지 피의 사용을 줄였고, 겉도 돼지 창자 대신 콜라겐 케이싱을 사용하여 특유의 비린내와 불쾌한 맛을 크게 줄였다. 이렇게 개량된 순대는 순댓국집이 아니라 중고등학교 앞 떡볶이

집에서 판매하여 우리의 배를 채워 주었는데, 이를 찹쌀순대라 불렀다. 찹쌀순대로 순댓국을 끓일 경우 당면에서 전분질이 녹아 나와 국물이 걸쭉해지고 맛이 텁텁하게 변하므로 사용을 제한하거나 순댓국과 찹쌀순대를 따로 제공하여 필요하면 넣어 먹도록 유도하는 식당도 있었다.

순댓국이 우리 일상에서 대중화된 가장 큰 사건은 바로 'IMF 사태'이다. 물론 순댓국은 IMF 사태 이전에도 전통시장 등에서 흔하게 먹을 수 있는 서민 음식이었으나 IMF 사태를 겪으면서 프랜차이즈화되었다. 대한민국 프랜차이즈 중 대기업이 아니라 소상공인으로 시작하여 크게 성공한 아이템 중 하나가 바로 순댓국이다. 이 시기에 서민들은 주머니가 가벼워져 저렴한 가격으로 든든히 먹기 위해 순대국밥집을 자주 찾게 되었고, 실직한 사람들이 너도나도 순댓국집을 개업하면서 수많은

| IMF 사태 당시 금 모으기에 참여하는 국민들

| 신림동 순대마을

순댓국집이 새롭게 문을 열었다. 순댓국집이 프랜차이즈로 성공한 이후 설렁탕, 곰탕, 육개장 등 다양한 한국인의 서민 음식이 프랜차이즈화되는 기폭제가 되었고, 백암순대, 아바이순대, 병천순대, 피순대, 오징어순대 등 전국의 다양한 순대가 대중에게 많이 알려지게 되었다.

프랜차이즈화와는 별개로 순대는 일부 지역에서 특산품화되기도 했다. 우선 서울 신림동에는 '순대마을(타운)'이 있다. 신림동은 다양한 임용시험을 준비하는 고시생들이 생활하는 고시촌 중 하나였다. 저렴한 가격에 배부르게 먹고자 하는 고시생들, 근처 대학가의 대학생, 직장인들의 발길이 이어지면서 순대마을은 1992년부터 서서히 자리를 잡게 되었다. 하지만 신림동 순대마을은 순댓국보다는 순대볶음과 곱창볶음이 주가 되는 특화지역이다.

| 병천순대거리

　순대와 관련된 또 하나의 특화지역으로는 충남 천안의 '병천순대거리'가 있다. 병천순대거리는 3·1운동 때 유관순 열사가 만세를 불렀던 아우내장터 부근에 있으며, 근처에 독립기념관이 있다. 이곳에는 1960년대부터 순댓국을 파는 식당이 몇 군데 있었는데, 1990년대에 관광객들의 발길이 늘어나면서 유명해지기 시작하여 순댓국 식당이 늘어났고, IMF 사태 시기였던 1998년 천안 병천면을 대표하는 음식이 되었다. 지금도 전국을 돌아다니다 보면 '병천순대'라는 상호를 사용하는 순댓국집을 많이 볼 수 있는데, 병천순대거리와 식재료 면에서 어느 정도 깊은 관련이 있는지는 모르겠지만 병천순대의 명성을 식당 상호에 반영한 것이라 할 수 있다. 병천순대거리에 있는 수십 개의 순댓국집은 순대와 순댓국의 맛에 각각 차이가 있고, 특성화가 잘 되어 있어 소개를 받아 아무 식당에 가도 기본 이상의 맛을 느낄 수 있다.

필자의 개인적 취향을 반영하여 쌀밥 한상의 순댓국 식당으로 '청화집'을 소개할까 한다. 이 식당의 순댓국은 기본적으로 국물 맛이 좀 싱겁고 슴슴한데, 특유의 비린내도 적어 순댓국에 대한 적응도가 비교적 낮은 이들에게 추천하고 싶다. 순댓국 안에는 부드러운 돼지 부산물이 풍족하게 들어 있다.

순댓국은 다른 국밥들에 비해 시래기, 콩나물, 우거지 등 채소류가 적게 들어가는 편이다. 이 경우 부족한 채소류를 보충하기 위해 반찬으로 양파, 마늘을 썰어서 쌈장과 함께 주거나 열무김치, 포기김치, 백김치, 깍두기 등을 제공한다. 이는 순댓국에 부족한 식이섬유와 비타민 C를 보충하는 좋은 조합이다. 순댓국이 짜면 생채소를 제공하고, 반대로 심심하면 김치류를 제공하는 것이 짠맛에 의한 피로감을 줄이는 조합이라 생각된다.

| 순댓국밥 한상 차림

순댓국이 지금의 모습으로 변화하는 데 얼마나 긴 시간이 걸렸는지는 잘 모르겠다. 하지만 현 시대에 진화된 순대국밥을 먹으면서 소주 한 잔 걸칠 수 있는 필자가 매우 행복한 사람인 것만은 확실하다.

누군가는 쌀을 심고, 누군가는 그늘에서 밥을 먹는다.

- 베트남 속담 -

사진 출처

- 소로리 볍씨, 유사 벼 출토 토탄층 https://www.cheongju.go.kr/sorori/index.do
- 돼지찰벼 https://tomorrows-table.com/news/?bmode=view&idx=5049726
- 버들벼 https://weekly.donga.com/culture/article/all/11/1877818/1
- 석유파동 https://www.chosun.com/national/nie/2022/03/02/JZVHC2ZRZNA7VKH6R7S2OU7KM4/
- 고추파동 http://i2.media.daumcdn.net/svc/image/U03/news/201408/18/castnet0701/20140818135710440.jpg
- 지역별 막걸리 https://www.joongang.co.kr/article/23949215
- 안동 소주 https://www.donga.com/news/People/article/all/20091126/24380053/2
- 경주 법주 https://www.yeongnam.com/web/view.php?key=20070915.010120737430001
- 전주 이강주 https://www.domin.co.kr/news/articleView.html?idxno=1167602
- 쌀 수탈정책 https://www.ohmynews.com/NWS_Web/View/at_pg.aspx?CNTN_CD=A0002576895
- 황두장 https://sparkwater.tistory.com/1535
- 일제강점기 소주 https://blog.naver.com/ltk20/130102571172
- 실험용 빙초산 https://hssci.co.kr/product/%EC%95%84%EC%84%B8%ED%8A%B8%EC%82%B0%EB%B9%99%EC%B4%88%EC%82%B0%EC%8B%9C-1%EB%A6%AC%ED%84%B0/15921/
- 감식초 https://www.jjn.co.kr/news/articleView.html?idxno=753351
- 5분도미, 7분도미, 9분도미 https://www.newswire.co.kr/newsRead.php?no=332191#lg=1&slide=0
- 러브 미 인증 쌀 https://www.ohmynews.com/NWS_Web/View/at_pg.aspx?CNTN_CD=A0000285169&CMPT_CD=SEARCH
- 조선시대 밥상 https://mbiz.heraldcorp.com/article/10293470
- 김홍도의 〈새참〉 https://gongu.copyright.or.kr/gongu/wrt/wrt/view.do?wrtSn=13216445&menuNo=200018

- 조선시대 임금의 수라상 https://www.khan.co.kr/article/202411191541001
- 개성음식 https://www.ohmynews.com/NWS_Web/View/at_pg.aspx?CNTN_CD=A0000278773&CMPT_CD=SEARCH
- 서울음식 https://www.heritage.go.kr/heri/cul/culSelectDetail.do?pageNo=1_1_2_0&ccbaCpno=1271100380000
- 오신채 https://namu.wiki/w/%EC%98%A4%EC%8B%A0%EC%B1%84
- 진관사 국행수륙재 http://www.jinkwansa.org/html/?pCode=499&mode=view&perm=Y&select_key=&input_key=&Scod=BRD07&delflag=Y&pCode=499&btap=&page=5&seq=1938
- 서울식 불고기, 광양식 불고기 https://digitalchosun.dizzo.com/site/data/html_dir/2017/09/05/2017090511860.html
- 포항식 물회 https://www.joongang.co.kr/article/22760834
- 금 모으기 https://www.chosun.com/site/data/html_dir/2016/08/22/2016082201577.html
- 신림동 순대마을 https://www.gwanak.go.kr/site/gwanak/08/10805070100002017011211.jsp
- 병천순대거리 https://www.aflnews.co.kr/news/articleView.html?idxno=298249

바쁜 현대인들에게 건네는
따뜻한 한 끼의 위로

쌀 밥 한 상

초판 1쇄 인쇄 2025년 11월 10일
초판 1쇄 발행 2025년 11월 20일

지은이 차윤환

펴낸이 정용수
책임총괄 강선혜
편집장 차인태
진행 신보용
영업·마케팅 정경민, 이은혜
제작 김동명 **관리** 윤지연
디자인 정은진

펴낸곳 ㈜예문아카이브
출판등록 2016년 8월 8일 제2016-000240호
주소 경기도 파주시 광인사길 79 4층(문발동)
문의전화 02-2038-3372 **주문전화** 031-955-0550 **팩스** 031-955-0660
이메일 archive.rights@gmail.com **홈페이지** ymarchive.com **인스타그램** yeamoon.arv

ISBN 979-11-6386-528-5(03590)

ⓒ 차윤환, 2025

㈜예문아카이브는 도서출판 예문사의 단행본 전문 출판 자회사입니다.
널리 이롭고 가치 있는 지식을 기록하겠습니다.
이 책 내용의 전부 또는 일부를 이용하려면 반드시 저작권자와 ㈜예문아카이브의 서면 동의를 받아야 합니다.
* 책값은 뒤표지에 있습니다. 잘못 만들어진 책은 구입하신 곳에서 바꿔드립니다.